MW01243392

SAND DRAWINGS

DIBUJOS DE ARENA

SAND DRAWINGS

DIBUJOS DE ARENA

by

Víctor Hugo Hidalgo Ruiz

Bilingual edition

Translated from Spanish and edited

by

Arthur Gatti
and
Roberto Mendoza Ayala

Foreword by Jade Castellanos Rosales
Afterword by María Ángeles Juárez Téllez

Cover and illustrations by
Midori Adelaida Valle Juárez *Semilla Onírica*
Luis Daniel Herrera Martínez *Momoteo Arango*

DARK LIGHT
PUBLISHING
NEW YORK • MÉXICO

2023

First printing: 2023

ISBN: 979-8-9862100-3-2

Designed and typeset in New York City by:

Darklight Publishing LLC
8 The Green Suite 5280
Dover, DE 19901

Contents

Like a Tiger of Fallen Leaves

No Rams nor Horses

Sepia Butterflies

Side Light

The Lost Sensitivity

Índice

Como un tigre de hojarasca

Sin arietes ni caballos

Mariposas sepias

Luz de perfil

La sensibilidad perdida

Foreword

*What is the human condition
a lot of questions against the door
and someone, maybe God,
with a lock of answers ?*

VÍCTOR HUGO HIDALGO RUIZ

Sand Drawings, by Víctor Hugo Hidalgo Ruiz, is a collection of poems that displays contrasting figures throughout its pages. Later we will see why. Its external structure is made up of nine sections linked by an aura of melancholy, nostalgia and despair. From the beginning of the book, it is clear that we are dealing with a deeply sensitive spirit, no matter the poet talks about a lost sensitivity. We are before a soul that vibrates to the rhythm of the universe, and gives us finely crafted verses that show an important mastery of the word. Right from the start, the lyrical self stands out for its strength and discomfort in "Two-color Melancholy":

> Still today I open the window and hope to find
> the two-color landscape that I saw as a child
> although there is so much blue
> the sky is more and more tasteless to me.

We already sense a longing for something irretrievable, the *object a*, as Jacques Lacan would say, a void that cannot be filled with anything. How simple it also sounds "to crucify the days" and "to catch the red butterfly of a heartbeat"; but it is clear to us, once again, that we are in the wake of the unattainable. And at the end of that poem, the absolute forcefulness with which good verses are built: *time is a giving up*. To give up what? Life? Death? Joy? These are questions that each reader will decipher in the author's poetic code.

In "Quantum Melancholy" we find the fusion between philosophy and poetry, as Víctor Hugo focuses on reflecting on issues that revolve around transcendence, origin, becoming and change, all on a cosmic level:

> I no longer wait for the catastrophe
> I have enough apocalypse
> traffic pollution violence
> Why the wait for the next trials?

But love redeems; it is, above all, the adequate shield against adversity, where:

> (To love is to return to the world
> forgetting the outburst
> that originated the flesh)

And in that cosmic union, earthly love is linked, as well as the massive explosion that gave rise to the worlds and our limited beings. To love is also to start the fire in the undergrowth of bodies, to let ourselves be overwhelmed by the other:

> Every loved thing
> has something solar in its molecules
> it shines and after a while collapses
> to love is to ignite matter

In "Daily Revelations", the day by day is captured, yet invaded by magic, surprise, loneliness and bewilderment: we have "The Invisible", who has not felt in this way? As if nobody cared about you, as if you didn't even exist, nobody able to see you or even listen to you: "and what would my voice be if it touched an ear". What would happen if, suddenly, you began to exist for someone? Or what about the porn actor who one fine day realizes he had never really been naked, until he was with the woman he loves? What an amazing discovery to realize that showing the flesh has nothing to do with the nudity and vulnerability of the soul. What a celebration to feel the real desire, when eroticism becomes an incandescent flame: "Once I kissed faith at other lips' mosque / a caress tasted like a luminous sip".

At the "Daily Revelations" he urges us to break it all, step on the metaphor, be humble, and, first of all:

We need to remove the persuasive locks
it is said that empathy
is to put ourselves in the footprints of the other
Why not the claws
the hunger the thirst the glacial cold of the other?

At *Camera Lucida,* Roland Barthes talks about the strong impact that a photograph can have on us; what do we focus on when we look at it, what do we relegate to oblivion, how much of ourselves is there in such an image after time, or whether the lens may have captured something of our soul. In the poem "Memories", nostalgia riddles us with a hole punch nailed very deep inside. The reminder or the memory that, when listening to a song, or seeing a photograph, takes us back to a now non-existent past, and then life goes on, without stopping more than a few moments when we manage to capture something especially fantastic or painful:

I think that holding an acetate or a photograph
is to capture a brief spirit on paper
plastic lungs
to confirm that the soul materializes.

In "Sand Drawings" Víctor Hugo expresses his disappointment at a world in perpetual catastrophe; a world in which there is no paradise; only the wait for it. In the same way, intertextuality is present, and the author allows us to read through his texts, references to other authors, especially to the avant-gardes of the last century:

Nobody is a little god, even if he wants it
we must strip ourselves of arrogance
we are a thread of dust on the sandglass

In this last stanza, there is an obvious reference to Vicente Huidobro, creationist poet par excellence. And Víctor Hugo's response is lowering the poets from the niche, eliminating egocentrism from their fate...because we are only mortal beings whose expiration date is already predetermined.

It is opportune to mention that, as was said at the beginning, Víctor Hugo uses contrasting figures with success; the following verses are an example of this:

> What a nonsense to live like this
> just enduring life
> because a fistful of death scares us
> ?

In the stanza above, the antithesis can be seen, one of the fundamental ones throughout this book: the life-death opposition; the constant contradiction that defines us, or rather, that leaves us to languish forever undefined; beings bound for death, as it has been written in philosophy: "To be for a time that will be without me", as stated by Emmanuel Levinas.

The following poem: "The Ideas", starts on a basic premise: "There is nothing new under the sun", and, nevertheless, there are so many things impossible to express with words, feelings that remain outside the language, that are beyond, on the other shore, where:

> Ideas have run out
> but hands are not exhausted
> nor the eyes
> the soul is not finished.

And the poetic art of Víctor Hugo, stated with simplicity and certainty:

> if they lose their human constitution
> words become fossils
> poetry is archaeological
> it unearths the atavistic inside us
> whoever says literature is a vain thing
> must open a book and look to its arteries

Literature and art in general, are among the most lively things inside us: it is the space where our humanity endures, the best of us. Since God has lost his alphabet, it is up to us the poets to rescue the world through the word, to give meaning to the world again. In "No rams nor horses", poetry is an exercise not allowed to cardiacs, but to tightrope walkers. Poetry is a journey, a revelation, an epiphany that is read between the lines, a pass for an itinerary with no destination.

Very fortunate is the section "Like a Tiger of Fallen Leaves", where the author successfully explores poetic prose, and undresses himself, so to speak, before the reader: "my stripes fall off due to the shame because I am less a tiger and more a man, the writer a bit, a bit the lover".

In "Sepia Butterflies" another paradox arises: "it is not a shadow the hand that caresses / but the light of the caressed body." Beautiful image that exalts, as in other poems of *Sand Drawings*, the sense of touch and its power, as well as its central organ: the hand.

On the other hand, childhood stands out as the place par excellence for astonishment to occur, since adulthood puts barriers to our capacity for surprise. Taking this into account: Who cares about poetry, if the world is a minefield, if we are a "demographics of loneliness"?, when are "unconceivable so many verses / when poetry matters so little". And so many things like that, as when you lose faith in what we thought was invincible.

In "Side Light" there is the presence of the father, strong and luminous, also languishing, like a fading light. In fact, throughout *Sand Drawings* there are several poems that the author dedicates to the family, to his sister, his grandmother, his mother and his father. A beautiful family, a portrait created from words, and the result is a chiaroscuro photograph, a faded image in sepia tones, but whose wound continues hurting whoever looks at it. It is the disturbed nostalgia of memory, the pain and remembrance perceived through the word. The longing for an instant that leaves us numb or exalted, like a flash in the dark, a bolt of lightning in the middle of nowhere, a drawing of sand that is erased in an instant.

"The Lost Sensitivity" is a tearing, a lament that still gnaws, a deep pain in which the poet immerses us and moves our feelings to the infamous claws of loss. There is always a splinter waiting under the bed to stab us with terrible anguish. That anguish is not unknown to Víctor Hugo; it is an elegy that refers us to other silences, to other tombs, those that we all carry inside. With this wound, the poet Víctor Hugo Hidalgo Ruiz has achieved universality by making us participate of a place in life where no one wants to be: the "Farewell". And by making us aware of the "indolence [that implies] to have died / when here we are still absurdly alive". It is understood that death is something that is there, far away, inaccessible and perhaps misunderstood, but pain, ah, the pain! That is always close and tangible; a brave dog that eats away at our soul.

JADE CASTELLANOS ROSALES
Naucalpan de Juárez, Estado de México, April 13th, 2022

References:

BARTHES, Roland, *La cámara lúcida. Nota sobre la fotografía*, Translated by Joaquim Sala-Sanahuja, Paidós comunicación, México, España, 1989, 187 pp.

HIDALGO Ruiz, Víctor Hugo, *Sand Drawings*, Darklight Publishing, New York, 2023, 193 pp.

LEVINAS, Emmanuel, *La huella del otro,* Translated by Esther Cohen, Silvana Rabinovich and Manrico Montero, Ed. Taurus, México, 2000.

Prólogo

Qué es condición humana
un montón de preguntas contra la puerta
y alguien tal vez Dios
con un candado de respuestas ¿?

VÍCTOR HUGO HIDALGO RUIZ

Dibujos de arena, de Víctor Hugo Hidalgo Ruiz, es un poemario que hace gala de las figuras de oposición a lo largo de sus páginas. Más adelante veremos por qué. Su estructura externa está compuesta por nueve apartados vinculados por una aureola de melancolía, de nostalgia y desesperanza. Desde el inicio del poemario, queda claro que estamos ante un espíritu profundamente sensible, aunque el poeta hable de una sensibilidad perdida. Estamos ante un alma que vibra al compás del universo, y nos brinda versos de fina factura que demuestran un importante dominio de la palabra. Ya desde un inicio, el yo lírico destaca por su fuerza y su desazón en "Melancolía a dos colores":

> Todavía hoy abro la ventana y espero encontrar
> el paisaje a dos colores que vi de niño
> aunque hay tanto azul
> el cielo cada vez me sabe menos.

Ya presentimos un anhelo de algo irrecuperable, el *objeto a*, como diría Jacques Lacan, ese vacío que no puede ser llenado con nada. Qué sencillo suena también "crucificar los días" y "atrapar la mariposa roja de un latido"; pero nos queda claro, una vez más, que estamos en la estela de lo inalcanzable. Y al final de ese poema, la contundencia absoluta con la que están construidos los buenos versos: *el tiempo es ante todo una renuncia.* ¿Una renuncia a qué? ¿A la vida? ¿A la muerte? ¿A la alegría? Son preguntas que cada lector irá descifrando en el código poético del autor.

En "Melancolía cuántica" encontramos la fusión entre filosofía y poesía, pues Víctor Hugo se enfoca en reflexionar sobre cuestiones que giran en torno a la trascendencia, al origen, al devenir y el cambio; a un nivel cósmico:

Ya no espero la catástrofe
suficiente apocalipsis tengo
tráfico contaminación violencia
¿A qué esperar próximos juicios?

Pero el amor redime; es ante todo el blindaje indicado contra la adversidad, en donde:

(Amar es regresar al mundo
olvidar el estallido
que originó la carne)

Y en esa unión cósmica, está vinculado el amor, el amor terrenal, y la explosión masiva que dio origen a los mundos y a nuestros limitados seres. Amar es también iniciar el incendio en la maleza de los cuerpos, dejarnos avasallar por el otro:

Cada cosa amada
tiene algo solar en sus moléculas
brilla y después de un tiempo se colapsa
amar es encender la materia

En "Revelaciones cotidianas", está plasmado el día a día, pero invadido de la magia, la sorpresa, la soledad y el desconcierto: tenemos a "El invisible", ¿quién no se ha sentido así? Como si a nadie le importaras, como si ni siquiera existieras, nadie capaz de verte, ni siquiera escucharte: "y qué sería mi voz si tocara algún oído". ¿Qué pasaría si, de pronto, para alguien comenzaras a existir? O bien, ¿el actor porno que se da cuenta un buen día que en realidad nunca había estado desnudo, hasta que está con la mujer amada? Qué descubrimiento pasmoso el darse cuenta que mostrar la carne, no tiene que ver con la desnudez y la vulnerabilidad del alma. Qué celebración sentir el auténtico deseo, cuando el erotismo se torna una llama incandescente: "Alguna vez besé la fe en la mezquita de otros labios / una caricia me supo a sorbo luminoso".

En las "Revelaciones cotidianas" urge romper con todo, pisar la metáfora, ser humildes, y, ante todo:

Necesitamos retirar los persuasivos cerrojos
la empatía se dice
es calzarse las huellas del otro
¿por qué no las garras
el hambre la sed el frío glaciar del otro?

En *La cámara lúcida*, Roland Barthes habla del fuerte impacto que puede generar una fotografía en nosotros; en qué nos centramos al mirarla, qué relegamos al olvido, qué tanto hay de nosotros, pasado el tiempo, en dicha imagen, o si bien la lente pudo haber captado algo de nuestra alma. En el poema "Recuerdos", nos acribilla la nostalgia desde un punzón que se clava muy dentro. El recuerdo o la memoria que, al escuchar una canción, o ver una fotografía, nos remiten a un pasado ahora inexistente, y después la vida sigue, sin detenerse más que los pocos instantes en los que logramos capturar algo especialmente fantástico o doloroso:

Pienso que sostener un acetato o una fotografía
es tener un breve espíritu en papel
pulmones de plástico
constatar que el alma se materializa

En "Dibujos de arena" Víctor Hugo expresa su desilusión ante un mundo en perpetua catástrofe; un mundo en el que no existe el paraíso; tan sólo la espera. De igual manera, se hace presente la intertextualidad, y el autor nos permite leer a través de sus textos, referencias a otros autores, en especial a las vanguardias del siglo pasado:

Nadie es pequeño dios aunque lo quiera
hay que desnudarnos de arrogancia
somos hilo de polvo en el reloj

En la estrofa anterior, se aprecia una evidente referencia a Vicente Huidobro, poeta creacionista por excelencia. Y la respuesta de Víctor Hugo, bajando del nicho a los poetas, eliminando de su sino el egocentrismo...pues tan sólo somos seres mortales cuya fecha de vencimiento ya está predeterminada.

Es oportuno mencionar que, como se dijo al principio, Víctor Hugo emplea las figuras de oposición con acierto; ejemplo de ello los siguientes versos:

> Qué necedad vivir así
> soportando la vida
> porque un puño de muerte nos asusta
> ¿?

En la estrofa anterior, se aprecia la antítesis, una de las fundamentales a lo largo de este libro: la oposición vida-muerte; la contradicción constante que nos define, o bien, que nos deja languidecer por siempre indefinidos; seres para la muerte, como se ha escrito en la filosofía: "Ser para un tiempo que será sin mí", como lo estipuló Emmanuel Levinas.

En el siguiente poema: "Las ideas", se parte de una premisa básica: "No hay nada nuevo bajo el sol", y, sin embargo, hay tantas cosas imposibles de enunciar con palabras, sentimientos que permanecen al margen del lenguaje, que están más allá, en la otra orilla, en donde:

> Se han acabado las ideas
> pero no se agotan las manos
> ni los ojos
> no se termina el alma

Y el arte poética de Víctor Hugo, enunciado con sencillez y certeza:

> si pierden su constitución humana
> los vocablos se vuelven fósiles
> la poesía es arqueológica
> desentierra lo atávico que hay en nosotros
> quien diga que la literatura es cosa vana
> abra un libro y observe sus arterias

La literatura y el arte en general, son de las cosas más vivas que hay en nosotros: es el espacio en donde perdura nuestra humanidad, lo mejor de nosotros. Dado que dios ha perdido su abecedario, nos corresponde a los poetas rescatar el mundo a través de la palabra, dotar nuevamente al mundo de sentido. En "Sin arietes ni caballos", la poesía es un ejercicio no apto para cardiacos, sino para equilibristas. La poesía es un viaje, una revelación, una epifanía que se lee entre líneas, el pasaje para un itinerario sin destino.

Muy lograda es la sección "Como un tigre de hojarasca", donde el autor explora con acierto la prosa poética, y se desnuda, por decirlo así, ante el lector: "se me caen las rayas de vergüenza porque soy menos tigre y más hombre, un poco el escritor, un poco el amante".

En "Mariposas sepias" se manifiesta otra paradoja: "no es sombra la mano que acaricia / sino luz del cuerpo acariciado". Hermosa imagen en la que se exalta, como en otros poemas de *Dibujos de arena,* el sentido del tacto y su poderío, así como su órgano central: la mano.

Por otra parte, destaca la infancia como el lugar por excelencia para que se dé el asombro; en cambio, la adultez pone vallas a nuestra capacidad de sorpresa. Tomando en cuenta esto: ¿A quién le importa la poesía, si el mundo es un campo minado, si somos una "demografía de la soledad"?, cuando "son inauditos tantos versos / cuando tan poco importa la poesía". Y tantas cosas así, como cuando se pierde la fe en aquello que creíamos invencible.

En "Luz de perfil" está la presencia del padre, fuerte y luminosa, también languideciente, como una luz que se pierde. De hecho, a lo largo de *Dibujos de arena* hay varios poemas que el autor dedica a la familia, a su hermana, a su abuela, a su madre y a su padre. Una hermosa familia, un retrato creado a partir de las palabras; el resultado es una fotografía en claroscuro, una imagen decolorada en tonos sepia, pero cuya herida sigue lacerando a quien la mira. Es la nostalgia trastornada del recuerdo, el dolor y la remembranza percibidas a través de la palabra. La añoranza de un instante que nos deja ateridos o exaltados, como un fogonazo en la oscuridad, un relámpago a la mitad de la nada, un dibujo de arena que se borra en un instante.

"La sensibilidad perdida" es una desgarradura, un lamento que aún carcome, dolor hondo en el que el poeta nos instala y mueve nuestro sentir hasta las garras infames de la pérdida. Siempre hay una astilla esperando bajo la cama para clavarnos la angustia terrible. Esa angustia no es desconocida para Víctor Hugo; es una elegía que nos remite a otros silencios, a otras tumbas, que cargamos todos dentro. En esta llaga, Víctor Hugo Hidalgo Ruiz, el poeta, ha alcanzado la universalidad al volvernos partícipes del sitio en la vida en el que nadie quiere estar: la "Despedida". Y hacernos conscientes de la "indolencia [que implica] haber muerto / cuando aquí seguimos absurdamente vivos". Se entiende que la muerte es algo que está allá, muy lejos, inaccesible y quizá incomprendida, pero el dolor, ¡ah, el dolor! Ese siempre es cercano y tangible; perro bravo que carcome nuestra alma.

JADE CASTELLANOS ROSALES
Naucalpan de Juárez, Estado de México a 13 de abril de 2022

Referencias:

BARTHES, Roland, *La cámara lúcida. Nota sobre la fotografía*, Trad. Joaquim Sala-Sanahuja, Paidós comunicación, México, España, 1989, 187 pp.

HIDALGO Ruiz, Víctor Hugo, *Dibujos de arena*, Darklight Publishing, New York, 2023, 193 pp.

LEVINAS, Emmanuel, *La huella del otro,* Trads. Esther Cohen, Silvana Rabinovich y Manrico Montero, Ed. Taurus, México, 2000.

SAND DRAWINGS

DIBUJOS DE ARENA

Because naming is to divide,
to be prone to oblivion,
I dedicate this book to those I love,
whose names form one single heartbeat.
Love is the name I give to you
since you have given it to me.

Porque nombrar es separar,
estar propensos al olvido,
dedico este libro a quienes amo,
cuyos nombres forman un solo latido.
Amor es el nombre que les doy
porque ustedes me lo han dado.

TWO-COLOR MELANCHOLY

MELANCOLÍA A DOS COLORES

Lullaby breeze unsung
Babel of dreams unwinds in memory
MARK HOLLIS

Sencilla canción de cuna ignorada
Babel de sueños despliega en la memoria
MARK HOLLIS

TWO-COLOR MELANCHOLY

I remember a black-and-white television
I was a child and I thought
in a certain country there only existed
that incompatible pair of colors
–red and blue were excluded–
black rivers like death's eyelid
the blood could not burn
with its liquid cellular tones
I imagined people going in there
to lose the orange bitterness of the days
the green frenzy of jealousy
only black gestures there
cloudy grimaces smiles of snow
a chessboard of solid factions

Many times I asked my mother
about that ambivalent country
her answer was always blunt
it does not exist

When it was possible we bought the colors
with some of my mother's savings
the sky in the films turned blue
grass was a green tribe

MELANCOLÍA A DOS COLORES

Recuerdo una televisión en blanco y negro
era niño y pensaba
que en algún país sólo existía
ese par incompatible de colores
—el rojo y el azul estaban excluidos—
ríos negros como un párpado de muerte
la sangre no podía arder
con sus líquidos tonos celulares
imaginaba a las personas entrar ahí
para perder la amargura naranja de los días
el verde delirio de los celos
ahí sólo ademanes negros
nublados gestos sonrisas de nieve
un ajedrez de sólidas facciones

Muchas veces le pregunté a mi madre
sobre ese país ambivalente
su respuesta fue siempre tajante
no existe

Cuando fue posible compramos los colores
con algo del ahorro de mi madre
el cielo de las películas se puso azul
el pasto era una tribu verde

the cartoons tasted like spoonfuls of rainbows to me
I forgot about that *white-dark* region
black-clear country lost forever

Sometimes I look at the cell phone
I feel the clean blow of pixel flowers
I think the world has not become clear
nor do things have more color than back then

Still today I open the window and hope to find
the two-color landscape that I saw as a child
although there is so much blue
the sky is more and more tasteless to me.

las caricaturas me supieron a cucharadas de arcoíris
me olvidé de esa región *blancoscura*
negroclaro país perdido para siempre

A veces miro el celular
siento el golpe limpio de las flores de pixeles
pienso que el mundo no se ha hecho claro
ni tienen más color las cosas que en ese entonces

Todavía hoy abro la ventana y espero encontrar
el paisaje a dos colores que vi de niño
aunque hay tanto azul
el cielo cada vez me sabe menos.

THE PORTRAIT OF MY SISTER

My mother hung a portrait of my sister
things were left in suspense
trees and houses went weightless
the sun was as tall as a beetle
it was possible to have it in the hand

close to the portrait a small table
a wardrobe farther

Are the years chased
with needles
like a butterfly?
Are they harpooned
to ban them from diving?

How simple it would be to crucify the days
tie them to a cord and abandon them
everyone would come out of their portrait
to catch the red butterfly of a heartbeat

Mold has begun to chew
that girl's amber-cheeks
three or four years old
dress white shoes

EL RETRATO DE MI HERMANA

Mi madre colgó un retrato de mi hermana
quedaron las cosas en vilo
árboles y casas no pesaban
el sol medía lo que un escarabajo
era posible tenerlo entre las manos

cercano al retrato una mesilla
más allá un ropero

¿Se cazan los años
como una mariposa
con agujas?
¿Se atraviesan con arpón
para prohibirles el buceo?

Qué sencillo sería crucificar los días
atarlos a un cordón y abandonarlos
cada quien saldría de su retrato
para atrapar la mariposa roja de un latido

El moho ha comenzado a masticar
las mejillas ámbar de esa niña
tres o cuatro años
vestido zapatos blancos

It's hard to think that the years
didn't stop with the lens
they ran along
with all the things that mattered

They are like a horse that does not move
but we hear it riding by
the darkest field of death

I look at my sister
long ago she left those bougainvillea
shoes and dress
everything is already a matter of pixels

She doesn't usually go back to portraits
I don't blame her
first of all time is a giving up.

Cuesta trabajo pensar que los años
no se detuvieron con la lente
corrieron al lado
de todas las cosas que importaban

Son como un caballo que no avanza
aunque lo oigamos andar
el campo más oscuro de la muerte

Miro a mi hermana
hace mucho dejó esas buganvilias
zapatos y vestido
todo es ya un asunto de pixeles

Ella no suele volver a los retratos
no la culpo
el tiempo es ante todo una renuncia.

CHIAROSCURO

There is a mouth for the days
its tongue is willing for vowels
and stretches like a sheet of wings
a butterfly yawn
whispers secret intentions in the ear
it has silk corners
smile on the fly

Desire gives us another mouth:
a bat caress on the lips
that bites the blood basements
it has no vowel or consonant satiety
it is deaf to alphabets
it only knows how to lick bite burn
it is full of love

The nocturnal mouth runs to its cave
when the day arrives
its visit leaves only an unusual bewildered
grimace.

CLAROSCURO

Hay una boca para los días
su lengua está dispuesta a las vocales
y se estira como una sábana de alas
bostezo de mariposa
dice secretas intenciones al oído
tiene comisuras de seda
sonrisa al vuelo

Otra boca nos da el deseo:
caricia de murciélago en los labios
que muerde los sótanos sanguíneos
no tiene saciedad vocal ni consonante
es sorda a los abecedarios
ella sólo sabe lamer morder arder
está henchida de amor

La boca nocturna corre a su cueva
cuando arriba el día
de su visita sólo una mueca inusual
desconcertada.

QUANTUM MELANCHOLY

MELANCOLÍA CUÁNTICA

BIG BANG

There is an eternal dispute
—the need to be right
is older than any universe—
resentful believers
unshakeable atheists
everyone disputes the truth
like the last atom of carrion
God blew up a former world
Didn't they know it?
What organisms did he undo
what latrine did he throw them into
I don't know
but they existed
I am sure

Don't they know his pyromaniac inclinations?
Isn't He all light?
Sometimes a comet passes by and we make a wish
it is a butt that God
throws when he reflects about his failures
Sodom and Gomorrah
blots on the incandescent ink

BIG BANG

Hay una disputa eterna
—la necesidad de tener razón
es más antigua que cualquier universo—
resentidos creyentes
inconmovibles ateos
todos se disputan la verdad
como el último átomo de la carroña
Dios hizo estallar un mundo anterior
¿no lo sabían?
Qué organismos deshizo
a qué letrina los arrojó
no sé
pero existían
estoy seguro

¿No conocen sus inclinaciones pirómanas?
¿No es Él todo luz?
A veces pasa un cometa y pedimos un deseo
es una colilla de Dios
que arroja cuando piensa en sus fracasos
Sodoma y Gomorra
borrones sobre la tinta incandescente

How will He regret us?
To what infinity will He throw my atoms?
The electrons that orbit in your mouth
To what kind of hell will they go and until when?

To love is to resemble the suns
that's why the lascivious fruit is forbidden
God can not stand that we believe in the flesh
theologians write
scientists observe
we touch each other and we know everything
a cardiac horse dominates us
how much faith I lost
in order to believe in your breasts
your pubis is a pink cathedral
a luminous rosette finishes off your nipples

I no longer wait for the catastrophe
I have enough apocalypse
traffic pollution violence
Why the wait for the next trials?

(To love is to return to the world
forgetting the outburst
that originated the flesh)

¿Cómo se arrepentirá de nosotros?
¿A qué infinito arrojará mis átomos?
Los electrones que orbitan en tu boca
¿a qué carajo se irán y hasta cuándo?

Amar es semejarse a los soles
por eso el lascivo fruto está vedado
Dios no soporta que creamos en la carne
los teólogos escriben
los científicos observan
nosotros nos tocamos y sabemos todo
un caballo cardiaco nos domina
cuánta fe perdí
para creer en tus senos
tu pubis es una catedral rosada
un luminoso rosetón remata tus pezones

Ya no espero la catástrofe
suficiente apocalipsis tengo
tráfico contaminación violencia
¿A qué esperar próximos juicios?

(Amar es regresar al mundo
olvidar el estallido
que originó la carne)

I don't need devotion or telescopes
the star that gets through your ribs is enough for me

Of what divine gunpowder are we made
if there was a sexual supernova
her orgasm made us explode like the suns

What misty place
will the elements touch?
Perhaps your mouth will be lost in Jupiter
like a streak of mist in the twilight
or my hands touch the back of Saturn
and the planet runs away like a slow beetle

Perhaps we'll be here
next to the window
wondering about God as the cars go by
and life stops in our silence

When we are quiet
how silent the universe gets.

No necesito devoción ni telescopios
me basta la estrella que atraviesa tus costados

De qué pólvora divina estamos hechos
si hubo una supernova sexual
su orgasmo nos hizo estallar como a los soles

¿Qué sitio nebuloso
tocarán los elementos?
Tu boca tal vez se pierda en Júpiter
como un rayón de bruma en el ocaso
o mis manos toquen el lomo de Saturno
y el planeta huya lento escarabajo

Tal vez estemos aquí
junto a la ventana
preguntándonos por Dios mientras pasan los carros
y la vida se detiene en nuestro silencio

Cuando estamos callados
qué mudo se pone el universo.

Victor Hugo Hidalgo Ruiz

THE BLACK HOLES

They refocus on their photon niche
they live perched on their light
as atop an ultraviolet pedestal
they cannot even see the suns
in their arrogance
the nocturnal splendor that stalks them
will be incandescent debris
they will deplete their gas reserves
and they'll burst like a flare bird

A puzzle of magma
the pieces will be summoned again
but these will not shape another sun
there will be a void
a black hole gravity urn:
darkness boils inside the light

Those cracks
patches of blindness in the night
are mouths that badly conjugate the verbs
it is thought that in their enigma
lies the solution of time
Will we know only through science?

LOS AGUJEROS NEGROS

Se reconcentran en su nicho de fotones
viven encaramados a su luz
como en un pedestal ultravioleta
ni los soles pueden ver
en su soberbia
el nocturno esplendor que los acecha
serán escombro incandescente
agotarán sus reservas de gas
y estallarán como un ave bengala

Rompecabezas de magma
volverán las piezas a juntarse
pero no formarán otro sol
quedará un hueco
urna de gravedad negro agujero:
adentro de la luz hierve lo oscuro

Esas grietas
manchones de ceguera entre la noche
son bocas que conjugan mal los verbos
se piensa que en su enigma
está la solución del tiempo
¿sólo con ciencia sabremos?

Every loved thing
has something solar in its molecules
it shines and after a while collapses
to love is to ignite matter

I see in the walls of my childhood
the weed of the absent
everything blooms from holes
windows tiles
my father was here
my mother there
now only gaps of a presence
a half-said word
a sun bitten by death

Black holes play with time
they swallow it like a sweet
something similar happens to us
it's just that time has caught us in its teeth
it takes us for its sugary candy

In memory, what has been lived is disrupted
what was pain becomes longing
and the stinging longing, nostalgia
What supernova do we have in front of us?
What collapse of light is oblivion?

Cada cosa amada
tiene algo solar en sus moléculas
brilla y después de un tiempo se colapsa
amar es encender la materia

Veo en los muros de mi infancia
la maleza de lo ausente
todo florece de agujeros
ventanas azulejos
mi padre estuvo aquí
mi madre allá
hoy sólo huecos de una presencia
una palabra a medias
un sol mordido por la muerte

Los agujeros negros juegan con el tiempo
lo degluten como si fuera un caramelo
algo parecido sucede con nosotros
sólo que el tiempo nos tiene entre sus dientes
nos toma por su dulce de azúcar

En la memoria lo vivido se trastoca
lo que fue dolor se vuelve anhelo
y el anhelo punzante nostalgia
¿Qué supernova tenemos en la frente?
¿Qué colapso de luz es el olvido?

We call the withered suns nostalgia

This clarity doesn't matter
neither radiant courage nor brighter love
everything will be a crack
a nocturnal hole will usurp the flesh
darkness boils inside the light.

A los soles marchitos les llamamos nostalgia

Esta claridad no importa
ni el radiante coraje ni un amor más luminoso
todo será una grieta
un hueco nocturno usurpará la carne
adentro de la luz hierve lo oscuro.

LA PETITE MORT

After a spasm of lights
the suns die
there is finally a hole
lubricious trace that follows ecstasy

Eroticism is an opposite cosmography:
it starts with black holes
to reach the incandescence of the suns.

LA PETITE MORT

Después de un espasmo de luces
los soles mueren
queda finalmente un agujero
huella lúbrica que sucede al éxtasis

El erotismo es una cosmografía opuesta:
se empieza por agujeros negros
para alcanzar la incandescencia de los soles.

BIG CRUNCH

The galaxies will rub our blood

it is not enough to prolong ourselves in caresses
to try to contain rude suns
Jupiter Saturn immense thorns
stinging our backs
we'll be crowded in a dot
a definitive suspensive space
that will squeeze every minute

Is this how it will all end
with difficulty breathing
and a heart strangled in its arteries?

While the tracks of infinity lengthened
we believed that a whisper amidst the night
tied the stars to its axis
if the bundles of your chest persisted
which worlds would shrink?

But also infinity retracts
the finger of chaos will go over the lines

Will the trains go backwards
will the smoke return to its roasted almond?

BIG CRUNCH

Las galaxias nos rozarán la sangre

no basta prolongarnos en caricias
para intentar la contención de rudos soles
Júpiter Saturno inmensas espinas
aguijonándonos el dorso
estaremos hacinados en un punto
definitivo espacio suspensivo
que apretará cada minuto

¿Así terminará todo
con dificultad para respirar
y un corazón ahorcado en sus arterias?

Mientras las vías del infinito se alargaran
creímos que un susurro entre la noche
ataba las estrellas a su eje
si persistían los manojos de tu pecho
¿qué mundos habrían de contraerse?

Pero también el infinito se retracta
el dedo del caos repasará las líneas

¿Los trenes irán hacia atrás
el humo volverá a su tostada almendra?

?

If eternity erases its ink
what will remain in those white margins
they'll be the gaps where life could be otherwise
and if the universe restarts
will I have my hands there
to keep touching your cheek

?

Your groin only millimeters from Niagara
my lips very close to your pubis
Do you remember the rain over your head?
Now your neck
under the incandescent spike of a star
between ribs the passage of a dawn
landscapes braided with nerves and platelets

Do light and chaos rewind?
Does God go back to watch his old films?

Our universe will be a brutal collage
to find among those ruins
the first toy we loved
the crayons that lit up our world
the first forgotten kiss feeling it as new

A boreal cloak on your shoulders
the trunk of a cypress brushes against my sides

          ¿

Si la eternidad borra su tinta
qué habrá en aquellos márgenes blancos
serán los huecos donde la vida pudo ser de otra manera
y si el universo recomienza
tendré manos ahí
para seguir tocando tu mejilla

          ?

Tu ingle sólo a milímetros del Niágara
mis labios muy cerca de tu pubis
¿Recuerdas la lluvia en tu cabeza?
Ahora tu nuca
bajo la espiga incandescente de una estrella
entre costillas el paso de una aurora
paisajes trenzados de nervios y plaquetas

¿La luz y el caos se rebobinan?
¿Dios vuelve a mirar sus viejas cintas?

Un *collage* brutal será nuestro universo
encontrar entre esas ruinas
el primer juguete que amamos
las crayolas que iluminaron nuestro mundo
el primer beso olvidado sintiéndolo nuevo

Una sábana boreal sobre tus hombros
el tronco de un ciprés me roza los costados

What kind of music would be to spread
or compress the universe?
Would it be our heartbeat
crossed by crickets and asteroids?

Beauty will not make the chaos doubt
we will return to the abstraction of nothingness
domes and arches balustrades
some ellipses
that not even God will write.

¿Qué música será extender
o comprimir el universo
será nuestro latido
cruzado de grillos y asteroides?

La belleza no hará dudar al caos
volveremos a la abstracción de la nada
cúpulas y arcos balaustradas
unos puntos suspensivos
que ni Dios habrá de redactar.

DAILY REVELATIONS

REVELACIONES COTIDIANAS

THE INVISIBLE

Although I've been here for a long time
no one raises their eyes to see me
they look through me like a glass of smoke
if they notice my weight in the armchairs
they run away without good morning tragic nights

I will be clear
I don't drag shackles
I don't even put myself in shrouds
my voice is melancholy
but I don't howl any funereal notes
I only drink coffee by tiny sips
I fall asleep on the table
sometimes I yawn

If the sun warms my cheeks
that's not a guarantee I'm alive
my throat is a sad jewel
the faces of the others do not change
although I wield screams and tantrums
their knives are still interested in the flesh
their glasses rise and fall until they are empty

EL INVISIBLE

Aunque hace mucho estoy aquí
nadie alza los ojos para verme
me atraviesan como a un cristal de humo
si notan mi peso en los sillones
huyen sin buenos días trágicas noches

Seré claro
no arrastro cadenas
ni me enfundo sábanas mortuorias
mi voz es melancólica
pero no aúllo fúnebres notas
sólo bebo café en sorbos diminutos
me amodorro sobre la mesa
bostezo a veces

Si el sol me calienta las mejillas
eso no garantiza que esté vivo
mi garganta es una joya triste
la cara de los otros no cambia
aunque me arme de gritos y rabietas
sus cuchillos siguen interesados en la carne
sus vasos suben y bajan hasta vaciarse

I have stopped talking
gazing and laughing I don't care anymore
even if I break myself with anger
others will remain stunned
and I will imagine my face
my hair the shape of my teeth
and what would my voice be if it touched an ear.

He dejado de hablar
mirar y reír ya no me importa
aunque me quiebre de ira
los otros seguirán pasmados
y yo imaginaré mi rostro
mi cabello la forma de mis dientes
y qué sería mi voz si tocara algún oído.

A PORN ACTOR DISCOVERS EROTICISM

You make me cry when you look
into my eyes and see me for who I really am
MATT JOHNSON

I

      I have a small star on my thigh

a dot in a fleshly writing

that blot gave me identity

if I had been lost as a child

my parents would have searched for my dark coin

like those looking for a lamp at night

a mole was my only treasure

When I came in the screen

I agreed with its definition

as an unavoidable clause

I set my orgasm

to the rhythm of annoying algorithms

the angles were stubborn in my sex

         the camera circumvented my scars

         the suit of pain I'm amassing

  a part of me was in the edition

         the other one remained invisible

         our fragility is not easy to portray

With no light tricks or makeup

love was hard

UN ACTOR PORNO DESCUBRE EL EROTISMO

Me haces llorar cuando miras
dentro de mis ojos y me ves tal como soy
MATT JOHNSON

I

       Tengo un astro pequeño sobre el muslo

el punto y aparte de una carnal escritura

esa mancha me dio identidad

si en la infancia me hubiese perdido

mis padres habrían buscado mi moneda oscura

como quien busca una lámpara en la noche

un lunar fue mi único tesoro

Cuando entré a la pantalla

consentí su definición

como una cláusula innegable

acostumbré mi orgasmo

al compás de fastidiosos algoritmos

los ángulos se empecinaron en mi sexo

       la cámara evitó mis cicatrices

       el traje de dolor que estoy acumulando

    una porción de mí estaba en la edición

       la otra permanecía invisible

       nuestra fragilidad no es fácilmente retratable

Sin tratamientos de luz ni maquillaje

el amor era difícil

I stood at precise angles to laugh
or moan as if sensing a camera lurking
I failed devoid of staging

Once I kissed faith at other lips' mosque
a caress tasted like a luminous sip

I wanted to retrieve my pores
my aged flesh without witnesses
pixels do not bring together what I was once
but I start to remember
how it was to love without scenic resonances
when you only have the tips of the blood
to reach another shore
an embarrassed cheek an erect nipple.

me ponía en ángulos precisos para reír
o gemía como sintiendo una cámara al acecho
fracasé privado de escenarios

Alguna vez besé la fe en la mezquita de otros labios
una caricia me supo a sorbo luminoso

Quise recobrar mis poros
mi carne envejecida sin testigos
los pixeles no reúnen lo que fui
pero empiezo a recordar
cómo era amar sin resonancias escénicas
cuando se tienen sólo las puntas de la sangre
para alcanzar otra orilla
una mejilla avergonzada un pezón erguido.

II

I looked at her little scars
the sadness propped up in her body
her fingers drank from my neck

Love is a horse traversed with pain

When she reached my thigh
touched that dark blot
even I had forgotten
it turned into a coin again
a dark stream my treasure

For the first time I was naked

II

Miré sus pequeñas cicatrices
la tristeza apuntalada en su cuerpo
sus dedos abrevaron de mi cuello

El amor es un caballo cruzado de dolor

Cuando llegó a mi muslo
tocó esa mancha oscura
incluso yo la había olvidado
de nuevo era una moneda
un caudal oscuro mi tesoro

Por primera vez estaba desnudo

DAILY REVELATIONS

While I'm armored in polyester
I see thirsty migrations of elephants
the eternal hunger among vultures
from a screen I step on
the hot inches of the Sahara
or I am intact and up to my neck
with the blue mediterranean in HD

Africa ends at four in the afternoon
or when I feel like going to the bathroom
I get up from the couch and go into the kitchen
bread ham milk about to turn sour
while I eat a sandwich the lions
are in the anxious pause of a bite
the wildebeest is not dead yet but his eyes
look at the adjacent void of death

I recline again and the plain
returns to its intense burning habit

I don't cross rivers paved with alligators
nor do I fight roughly with the hyenas
I turn off the television and say
how beautiful are the lions

REVELACIONES COTIDIANAS

Mientras estoy blindado de poliéster
veo sedientas migraciones de elefantes
el hambre eterna entre los buitres
desde una pantalla piso
las pulgadas calientes del Sahara
o estoy intacto y hasta el cuello
del mediterráneo azul en *hd*

África termina a las cuatro de la tarde
o cuando tengo ganas de ir al baño
me levanto del sillón y entro a la cocina
pan jamón leche a punto de ser agria
mientras como un sándwich los leones
están en la pausa ansiosa de un mordisco
el ñu no está muerto todavía pero sus ojos
miran el vacío contiguo de la muerte

Me reclino de nuevo y la planicie
vuelve a su intenso hábito ardoroso

No cruzo ríos adoquinados de caimanes
ni lucho bruscamente con las hienas
apago la televisión y digo
qué bellos son los leones

the cheetah bows wild reed
the giraffe river of vertebrae rising to the sky

I go to the store in slippers
I listen to an adjoining tv set
the solemn announcer says
these players are heroes
—Are those others villains?—

In the savannah there are no heroes or villains
there are no wars or false diplomacy
it's all about fighting imminent threats

I can sit after the routine
see inside that mirror a remote place
it is inevitable to fall into affective traps
Is a lion with an antelope in its jaws wicked
as well as is good an hippopotamus sunk in its bath?

Good and evil on the screen
credits fade
along an expressive soundtrack

We must walk in our shadow
touching the unsubmissive side of the road
stepping on the metaphor when necessary

el guepardo se arquea junco salvaje
la jirafa río de vértebras que sube al cielo

Voy a la tienda en pantuflas
escucho un televisor contiguo
el locutor solemne dice
estos jugadores son héroes
–¿aquellos son villanos?–

En la sabana no hay héroes ni villanos
no hay guerras ni falsa diplomacia
todo es luchar contra inminentes amenazas

Puedo sentarme después de la rutina
mirar en ese espejo un lugar remoto
es inevitable caer en trampas afectivas
¿es malo el león con un antílope en las fauces
bueno el hipopótamo hundido en su bañera?

Bondad y maldad en la pantalla
se disuelven en los créditos
y una expresiva banda sonora

Hay que caminar en nuestra sombra
tocar el lado insumiso del camino
pisar la metáfora cuando haga falta

We need to remove the persuasive locks
it is said that empathy
is to put ourselves in the footprints of the other
Why not the claws
the hunger the thirst the glacial cold of the other?

Necesitamos retirar los persuasivos cerrojos
la empatía se dice
es calzarse las huellas del otro
¿por qué no las garras
el hambre la sed el frío glaciar del otro?

MEMORIES

I

There was an ancient ceremony
—archaeologists might explain it—
it consisted of sitting at a table while opening an album
the very dark blurry photos
were real
a light trigger was activated
to take out time's moments
if someone yawned that second
his mouth was left open forever
eyelids drooped with damning gravity
bushy eyebrows or thick lips
stayed that way
it was not possible to edit what was hated
untimely blink irregular teeth
they were irremediable fate
we used to go back to them to sip coffee
and say look at your aunt's hair
the smile of your
already toothless father
the thinness of your brothers
so obese now

Genealogical clusters falling down
deep leaks of nostalgia

RECUERDOS

I

Hubo una antigua ceremonia
—los arqueólogos podrán explicarla—
consistía en sentarse a la mesa abriendo un álbum
las fotos borrosas muy oscuras
eran reales
se accionaba un gatillo de luz
para sacarle al tiempo sus instantes
si alguien bostezaba ese segundo
la boca quedaba abierta para siempre
los párpados caían con gravedad condenatoria
cejas pobladas o labios gruesos
así permanecían
no era posible editar lo que se odiaba
inoportuno parpadeo dentadura irregular
eran destinos irremediables
volvíamos a ellos para tomar café
y decir mira el cabello de tu tía
la sonrisa de tu padre
ya desdentado
la delgadez de tus hermanos
hoy tan obesos

Los racimos genealógicos caían
graves goteras de nostalgia

Perhaps archaeologists also remember
that records were a heart of plastic
they were put into a device
for the music to spin around
the soul was a mill of sounds

Now my grandmother's photos
they are paper tombs that nobody looks at
she explores the sadness of the boxes
she rolls her cloudy pinwheel
like a planet in an ellipse of mystery
old danzones mambo records

Music is a cable car
it takes her heart to childhood
she sees everything in black and white
wears a dress from yesterday
plays in a stable with cows and sheep
she has remarried my grandfather
just a few of their daughters have been born
then the record ends and her hands are sad again
her back hurts her legs barely respond

I think that holding an acetate or a photograph
is to capture a brief spirit on paper
plastic lungs
to confirm that the soul materializes.

Quizá los arqueólogos también recuerden
los discos fueron un corazón de plástico
se metían a un aparato
para que la música girara
el alma era un molino de sonidos

Ahora las fotos de mi abuela
son tumbas de papel que nadie mira
ella explora la tristeza de las cajas
pone a rodar su turbio rehilete
como un planeta en un elipse de misterio
discos de mambo viejos danzones

La música es un tranvía
lleva su corazón hacia la infancia
todo lo mira en blanco y negro
tiene un vestido de ayer
juega en un establo con vacas y borregos
se ha vuelto a casar con mi abuelo
apenas han nacido algunas de sus hijas
luego el disco termina y sus manos son tristes de nuevo
le duele la espalda las piernas apenas le responden

Pienso que sostener un acetato o una fotografía
es tener un breve espíritu en papel
pulmones de plástico
constatar que el alma se materializa.

II

When I was a child I ruined some photos of my sister
I opened a camera before it was time

In the cartridge the instants were cooked
like a dream of wine
among the shadows
the darkness of a cellar was valuable

If the light blew at the wrong time
seconds of life were lost forever

When my sister cried I didn't understand
Does a piece of paper hurt?
Are there tears inside an instant?

II

Cuando era niño velé unas fotos de mi hermana
abrí una cámara antes de tiempo

En el cartucho se cocinaban los instantes
como un sueño de vino
entre la sombra
era valiosa la oscuridad de una bodega

Si la luz soplaba a destiempo
se perdían segundos de vida para siempre

Cuando mi hermana lloró no comprendí
¿acaso duele un pedazo de papel
hay lágrimas adentro de un instante?

SAND DRAWINGS

DIBUJOS DE ARENA

Victor Hugo Hidalgo Ruiz

APOCALYPSE

It's strange to have faith
and see the world as fire
believing in paradise
and listening to the judgment bells
every five minutes
At what time do the riders sleep?
Isn't the angel tired of
holding that trumpet?

The demons are here
their flames are not metaphysical
their sulfur is from this earth

Apocalypses happen every day
Do they happen at six fifteen
half past ten Greenwich meridian?
Heaven is not to know it

I need to believe in the nothingness of this minute
a sunset without sun is a true apocalypse
traffic on a long Sunday without friends

Someday the sky will break
we will have the eclipses in a basket
the trees would have wept their last splinters

90

APOCALIPSIS

Es extraño tener fe
y ver el mundo como fuego
creer en el paraíso
y cada cinco minutos
escuchar las campanas del juicio
¿a qué hora duermen los jinetes?
¿no se aburre el ángel
de sostener esa trompeta?

Los demonios están aquí
sus llamas no son metafísicas
su azufre es de esta tierra

Los apocalipsis ocurren cada día
¿a las seis quince
diez y media meridiano Greenwich?
El paraíso es no saberlo

Necesito creer en la nada de este minuto
un atardecer sin sol es un verdadero apocalipsis
el tráfico un domingo largo y sin amigos

El cielo se romperá alguna vez
tendremos en un cesto los eclipses
los árboles habrán llorado sus últimas astillas

The real apocalypse is to wait
vainly for Heaven
while life gives us its lightning
and uselessly waves its handkerchief.

El verdadero apocalipsis es esperar
inútilmente el paraíso
mientras la vida nos pasa su relámpago
y agita inútil su pañuelo.

SAND DRAWINGS

Before Breton and the Cabaret Voltaire
before the lobster costume
and the torn horse of Guernica
there were forests without oil or fresco techniques
rains babbling Dada
and Hugo Ball did not know it

Stones did not write manifestos
neither leaves nor plants appropriated yellow tones
the earth was indolent to their labors
the sea never proposed avant-garde coasts

Creativity is living aware
of the inner sound of an apple
the white beat of a tree already felled

Nobody is a little god, even if he wants it
we must strip ourselves of arrogance
we are a thread of dust on the sandglass
we fall softly with the grains

hearing time crumbling
all we do is sand drawings.

DIBUJOS DE ARENA

Antes de Breton y el Cabaret Voltaire
del traje de langosta
y el caballo desgarrado del Guernica
había bosques sin óleo ni técnicas al fresco
lluvias con balbuceo dadá
y Hugo Ball no lo sabía

Las piedras no escribieron manifiestos
ni hojas ni plantas se apropiaron tonos amarillos
la tierra era indolente a sus trabajos
el mar jamás propuso costas vanguardistas

Creatividad es vivir atento
al sonido interior de una manzana
el latido blanco de un árbol ya talado

Nadie es pequeño dios aunque lo quiera
hay que desnudarnos de arrogancia
somos hilo de polvo en el reloj
caemos suavemente con los granos

oír desmoronarse el tiempo
dibujos de arena es todo lo que hacemos.

THE QUESTIONS POEM

To Edmond Jabès

I suffer from a constant plague of questions

Why do I wait for time
if seconds do not wait for me
?
?What silence of God came to give me these words

They are moths gnawing on a wooden bone

I called the usual pest exterminators
they shook their heads negatively
questions are invincible
it is necessary to forget how much pain they cause us

What do we expect
why don't we jump off the sheet
and put the words alongside life?

Sometimes I invite people to my house
and in the middle of the table I find signs of anguish
I hit them with the newspaper I stomp on them hard
they leave the armchair they climb the walls

UN POEMA DE LAS PREGUNTAS

A Edmond Jabès

Sufro una plaga constante de preguntas

¿Por qué espero el tiempo
si los segundos no me esperan
?
?Qué silencio de Dios vino a darme estas palabras¿

Son polillas royendo un hueso de madera

Llamé a los consabidos plaguicidas
movieron negativamente la cabeza
las preguntas son invencibles
es necesario olvidar cuánto dolor nos causan

¿Qué esperamos
por qué no saltamos de la hoja
y ponemos las palabras al lado de la vida?

A veces invito personas a mi casa
y en medio de la mesa encuentro signos de angustia
les doy con el periódico los piso con fuerza
salen del sillón trepan los muros

What is the human condition
a lot of questions against the door
and someone, maybe God,
with a lock of answers ?

Why do we walk
like shadows under the guillotine?

Maybe the only way is not to hate questions
childhood is to question
breaking in with an inquiring key
although the world is not willing to open

I have the ink of God in my arteries
a cannon of insomnia under the neck
my fear started when I asked about death
I don't know if terrible things always have the shape of a question
but I've learned that everyone gives way to their curiosity
they open the door for it and let it die quietly in the open

The passage of time is measured by the questions we ask
questioning is to have open arms
the ellipse of our life is to open a question
our death does not imply closing it
it will remain open for others

Qué es condición humana
un montón de preguntas contra la puerta
y alguien tal vez Dios
con un candado de respuestas ¿?

¿Por qué caminamos
sombras bajo la guillotina¿

Quizá la única manera es no odiar las preguntas
la infancia es cuestionar
irrumpir con una llave indagadora
aunque el mundo no esté dispuesto a la apertura

Tengo tinta de Dios en las arterias
un cañón de insomnio bajo la nuca
mi miedo empezó cuando pregunté por la muerte
no sé si las cosas terribles siempre tengan forma interrogante
pero he aprendido que todos le ceden el paso a su curiosidad
le abren la puerta y la dejan morir tranquilamente en la intemperie

El paso del tiempo se mide por las preguntas que hacemos
cuestionar es tener brazos abiertos
la elipse de nuestra vida es abrir una pregunta
nuestra muerte no implica cerrarla
seguirá abierta para otros

What a nonsense to live like this
just enduring life
because a fistful of death scares us
?

The signs open like an eye clinging to the colors
iris of consciousness are the questions
they are meant to look outside of us
so we can't get away

Paradise is ahead
it is the moment that escapes and sustains us
it is the pain that pulls us apart.

Qué necedad vivir así
soportando la vida
porque un puño de muerte nos asusta
¿?

Los signos se abren como un ojo aferrado a los colores
iris de conciencia son las preguntas
están para mirar afuera de nosotros
para no evadirnos

El paraíso está enfrente
es el instante que escapa y nos sostiene
es el dolor que nos separa.

THE IDEAS

We have talked about the sun
and neither dawn nor dusk are over
so many blue dyes
and the sea has not turned pale because of that

Everything has been written they say
so if I look for these verses
I can find them one by one
without a missing word

There's nothing new under the moon
nor between the wings of a bee

nothing new about some beloved thighs
or feeling the horizon of blood
and bow our shoulders sadly

to love is to remove petals of dust

Writing does not diminish things
the sun is still round
its heat
still centigrade

LAS IDEAS

Ya se habló del sol
y ni el alba ni el atardecer se terminaron
tantas pinturas azules
y no por eso el mar se ha vuelto pálido

Todo se ha escrito dicen
de modo que si busco estos versos
uno por uno podré hallarlos
sin faltar una palabra

No hay nada nuevo bajo la luna
ni entre las alas de una abeja

nada nuevo de unos muslos que se aman
o sentir el horizonte de la sangre
e inclinar los hombros con tristeza

amar es retirarse pétalos de polvo

Escribir no disminuye las cosas
el sol todavía es redondo
su calor
sigue siendo centígrado

Ideas have run out
but hands are not exhausted
nor the eyes
the soul is not finished.

Se han acabado las ideas
pero no se agotan las manos
ni los ojos
no se termina el alma.

TO WHOM IT MAY CONCERN

Words work
their workshop of silence is instantaneous
like an ant's dream grain

I think a little:
fingers dance on the trapezoid of the keyboard
nail-tips alphabet
I follow my head when I write:
time has decapitated me

Writing is so little now
everyone leaves the ink tap open
sanity is ordered home-delivered
small doses in the mailbox
language yields to devastation
to the immoderate felling of the spirit

I stumble on the keyboard with the z and the x
xxxxxxxxxxxxxxxx
if they lose their human constitution
words become fossils
poetry is archaeological
it unearths the atavistic inside us
whoever says literature is a vain thing
must open a book and look to its arteries

A QUIEN CO-RESPONDA

Las palabras trabajan
su taller de silencio es instantáneo
como el grano de sueño de una hormiga

Pienso poco:
los dedos bailan en el trapecio del teclado
uñas yemas abecé
sigo mi cabeza cuando escribo:
el tiempo me ha decapitado

Escribir ya es poco
cualquiera deja abierta la llave de la tinta
la cordura se pide a domicilio
pequeñas dosis en la bandeja del correo
el lenguaje cede a la devastación
a la tala inmoderada del espíritu

Me tropiezo en el teclado con la z y con la x
xxxxxxxxxxxxxxx
si pierden su constitución humana
los vocablos se vuelven fósiles
la poesía es arqueológica
desentierra lo atávico que hay en nosotros
quien diga que la literatura es cosa vana
abra un libro y observe sus arterias

My words work as I drink coffee
and stretch my eyelashes in a dream
if someone listens
let them
they are convinced:
they are necessary for there to be a paradise

God forgot his alphabet
understand this, poets:
it is up to you to recall it.

Mis palabras trabajan mientras bebo café
y estiro las pestañas en un sueño
si alguien las escucha
déjelas hacer
están convencidas:
son necesarias para que haya un paraíso

A Dios se le olvidó su abecedario
entiéndanlo poetas:
les corresponde recordarlo.

LIKE A TIGER OF FALLEN LEAVES

COMO UN TIGRE DE HOJARASCA

To the one who heard these words
before they became ink:
Monserrat Martínez

A quien escuchó estas palabras
antes que llegaran a ser tinta:
Monserrat Martínez

Semilla Onírica

LIKE A TIGER OF FALLEN LEAVES

Between the roar and the yawn I'm like a tiger of fallen leaves. I stretch on your belly and I settle in the sun of your hip. Don't get me wrong, I only sleep in the seasons of your hair, but my claws want to hurt you with heartbeats. Sometimes I fall asleep and my heart collapses, a temple of tears. I am less of a tiger then: I have feathers on my legs and a premonition of singing on my snout, the stripes that once vibrated with malice, now are only a spelling that testify your name.

An electricity of amber crosses your back, a slowness of honey that outlines your thighs. I am a native of your legs and I crouch in the darkness of your undergrowth. Who would say that even with the desire to devour your name I refrain from the instinct of flesh that precedes me. Since I've met you, I've restricted myself just to lick your vowels, and from the original roar a submissive purr has remained to call you. I'm turning into snow: my tears fall in kamikaze attacks of nostalgia. With useless steps I flatten my claws, with useless roars I disarm my mouth: my stripes fall off due to shame because I am less a tiger and more a man, the writer a bit, a bit the lover.

COMO UN TIGRE DE HOJARASCA

Estoy como un tigre de hojarasca: entre el rugido y el bostezo. Me desperezo sobre tu vientre y me acomodo en el sol de tu cadera. No lo entiendas mal, sólo duermo en las estaciones de tu pelo, pero mis zarpas quieren herirte de latidos. A veces me gana el sueño y se derrumba el corazón, templo de lágrimas. Soy menos tigre entonces: tengo plumas en las patas y una premonición de canto en el hocico, las rayas que antes vibraran de malicia, sólo son una grafía que testifica tu nombre.

Una electricidad de ámbar te cruza la espalda, lentitud de miel que contornea tus muslos. Yo soy nativo de tus piernas y me agazapo en la oscuridad de tu maleza. Quién diría que aun con el ansia por devorar tu nombre me abstenga del instinto de carne que me precede. Desde que te conozco, me limito a lamerte las vocales, y del rugido primigenio ha quedado un ronroneo sumiso para llamarte. Me estoy volviendo nieve: mis lágrimas caen en *kamikazes* atentados de nostalgia. Con inútiles pasos me limo las garras, con inútiles rugidos me desarmo la boca: se me caen las rayas de vergüenza porque soy menos tigre y más hombre, un poco el escritor, un poco el amante.

THE WORLD IS A CEREMONY OF THE EYES

Time folds objects: eternity is an absurd origami. Every day things lose centimeters, the horizon, with all its mountains, weighs less than an ant, one window less, the door is suddenly half the weather. A mirror is an empty division that never ends.

The walls, trains of stone, run over us with the stillness of their bricks. And the clock ticks on rusty nerves.

We cannot settle ourselves in fear, the sun is a hand of light that shakes us.

This world is a ceremony of the eyes: we were born to look at it, like children who suckle in colors.

Although time doubles the universe, we must stretch our arms and legs, lengthen the back of blood, so that the dress of suffocation keeps fitting long on us.

EL MUNDO ES UNA CEREMONIA DE LOS OJOS

El tiempo pliega los objetos: la eternidad es un absurdo *origami*. Cada día pierden centímetros las cosas, el horizonte, con todas sus montañas, pesa menos que una hormiga, una ventana menos, la puerta de pronto es la mitad de la intemperie. Un espejo es división vacía que no termina nunca.

Los muros, trenes de piedra, nos atropellan con la inmovilidad de sus ladrillos. Y el reloj avanza sobre oxidados nervios.

No podemos ensillarnos al miedo, el sol es una mano de luz que nos estrecha.

Este mundo es una ceremonia de los ojos: para mirarlo nos han nacido, como niños que se amamantan de colores.

Aunque el tiempo doble el universo, hay que estirar brazos y piernas, alargar el lomo de la sangre, para que el traje de la asfixia nos siga quedando largo.

MELANCHOLIA OF THE ANDROGYNOUS

Our fingers led us to a bonfire of flesh. Summer greyhounds chased you with heartbeats and in your net of pores I stopped.

The veins hit your whiteness, cold bottled birds. I had telescope intelligence in my hands.

The jaws of time chewed over its own demagoguery: paradise did not last. The world, stony air, strenghten muscle by muscle, sinew to sinew.

I remind myself we exist here and despite welding our desire, we returned to be flesh expelled from its origin. A circumference, two navels, a pair of fruits in a single pericarp: love is the tree from which its resemblance was born.

Loneliness ultimately divides us, just as meiosis divides sadness into twin tears. We feel anguish because inside desire there cannot be just desire, but its counterpart: confusion, melancholy...

MELANCOLÍA DEL ANDRÓGINO

Nuestros dedos nos guiaban a una hoguera de carne. Los galgos del verano te cazaron a latidos y en tu red de poros me detuve.

Las venas golpeaban tu blancura, pájaros embotellados en frío. Inteligencia de telescopio tuve entre mis manos.

La mandíbula del tiempo rumió su demagogia: no permaneció el paraíso. El mundo, aire de piedra, apuntalaba músculo a músculo, tendón sobre tendón.

Recordé que existimos aquí y a pesar de soldar nuestro deseo, regresamos a ser carne expulsada de su origen. Una circunferencia, dos ombligos, par de frutos en un solo pericarpio: el amor es el árbol del que nació su semejanza.

La soledad finalmente nos divide, igual que la *meiosis* divide tristeza en dos lágrimas mellizas. Sentimos angustia porque en el deseo no puede haber sólo deseo, sino su contraparte: confusión, melancolía…

Victor Hugo Hidalgo Ruiz

REMOTENESS

It was the farthest afternoon of my life. I heard someone was dying and I went on among traffic lights, neon birds' nests and bouquets of stupefied light. The afternoon —horns of air, back of stone— is a bull that bellows: nostalgia for today's dead and the living almost-dead of tomorrow. Polyphemus is a window between windows, where I look at whoever looks at me.

Someone knows about my death, says goodbye to no one and never understands.

LEJANÍA

Era la tarde más lejana de mi vida. Escuché que alguien moría y seguí entre semáforos, nidos de pájaros neón y ramilletes de luz embrutecida. La tarde —cuernos de aire, lomo de piedra— es un toro que brama: nostalgia de los muertos de ahora, los vivos casi muertos de mañana. Polifemo es una ventana entre ventanas, donde miro a quien me mira.

Alguien sabe de mi muerte, dice adiós a nadie y no comprende nunca.

NO RAMS NOR HORSES

SIN ARIETES NI CABALLOS

A PROPOSAL

To read a poem is to find an inadequate posture: to open and close the legs, loosen up the lips, moving the arms in a cardiac spiral. It is not to stand still. It is not like taking a handbook: subsections do not make poetry, nor good manners, bless you and thank you so much. Whoever reads a verse has to put on a lightning bolt and walk without stumbling, stick a storm in his ear and X-ray his nightmares. He can't sit on his yawnings. Since poetry is walking, swaying on the axes of imagination, like a trapeze artist with spasms. Calm is for writers in Sunday clothes, who perch on the page bearing the grip of the pen. Whoever reads a poem is forced to run on the water with his eyelids, walk with his ears, and go, disguised as a heart, naked.

UNA PROPUESTA

Leer un poema es encontrar una postura inadecuada: abrir y cerrar las piernas, aflojar los labios, mover los brazos como espiral cardiaca. Es no quedarse quieto. No es como tomar un instructivo: los incisos no hacen poesía, ni los buenos modales, salud y muchas gracias. Quien lee un verso tiene que calzarse un relámpago y andar sin atropellos, clavarse una borrasca en el oído, radiografiar sus pesadillas. No puede sentarse en sus bostezos. Porque la poesía es caminar, balancearse sobre los ejes de la imaginación, como un trapecista con espasmos. La calma es para escritores endomingados, que se encaraman en la página soportando el cepo de la pluma. Quien lee un poema está obligado a correr por el agua con los párpados, caminar con las orejas, ir, vestido de corazón, desnudamente.

USELESS RECIPE FOR LIFE

Nostalgia is to halt, a ship rooted in its harbor childhood. I sit in the armchair but something inside me wants to set sail, cross a knot of rocks, break foam thermometers. The air that kissed the bougainvillea fled: loneliness is barely breathable. We can forget almost everything: itineraries, some syllable of the name, but breathing... it cannot remain in the parenthesis of the lungs, doubting among being or not. The philosophy of ventilation would suffocate us immediately. Life is hesitation, to be and not; without medicines to nulify crises, or recipes like maps to reach balance. That is why it is laughable when they paint happiness with a single brush, telling us: the sky is blue, only blue. And isn't it sometimes red, gray, even black?

One ends up finding oneself in the morning coffee despite having lost one's head at night; the blow of the clock does not decapitate the dream: something in life resists the tyranny of the executioner. If, when we wake up, we look in the mirror and are surprised by shirt and a tie but a face is missing, we have to look for ourselves urgently. We will find something, because ships, even when they dock at the window, can turn around and start the trip again.

INÚTIL RECETA PARA LA VIDA

La nostalgia es detenerse, un barco arraigado a su niñez de puerto. Me siento en el sillón pero algo mío quiere zarpar, cruzar un nudo de rocas, romper termómetros de espuma. Escapó el aire que besó la buganvilia: la soledad es apenas respirable. Podemos olvidar casi todo: itinerarios, alguna sílaba del nombre, pero la respiración… no podría quedar en el paréntesis de los pulmones, indecisa de ser o no. La filosofía de la ventilación nos asfixiaría inmediatamente. La vida es vacilación, estar y no; sin medicinas que anulen las crisis, ni recetas como mapas para hallar el equilibrio. Por eso es risible cuando nos pintan la felicidad con un solo pincel, diciéndonos: el cielo es azul, sólo azul. ¿Y no es a veces rojo, gris, incluso negro?

Uno termina hallándose en el café de la mañana pese a la pérdida de la cabeza por la noche; el hachazo del reloj no decapita el sueño: algo de la vida resiste la tiranía del verdugo. Si al despertar, miramos el espejo y sorprendemos camisa y corbata pero nos falta un rostro, tenemos que buscarnos urgentemente. Algo hallaremos, porque los barcos, aun cuando atraquen en la ventana, pueden virar y comenzar de nuevo el viaje.

LOVE TREATY

With no rams nor horses I dared knocking on your door, and there was no heroism, beyond the sun you left on my sides. How to die of thirst facing the vessels of the flesh?

I need to put on butterfly gloves, arpeggio shoes, match nerves and solar muscles. I trip over syllables when I want to find the twilight that clouds your cheek, the seaweeds swimming on your tongue, your urgent reefs.

You are another when I love you, I put my fingers on your dawn neck and I look at the prenatal waterfall in your navel.

Beneath the porous shutter, where the blood keeps its coffer of muscles and bones, there are the real names. The heart insists on its monosyllable knowing that language is doomed to failure; loving is a tautology.

I need to get rid of my body so that the love of what is alive can reach you.

TRATADO AMOROSO

Sin arietes ni caballos me arriesgué a tocar tu puerta, y no hubo heroísmo, más allá del sol que me dejaste en los costados. ¿Cómo morir de sed frente a los vasos de la carne?

Necesito enguantarme mariposas, calzarme arpegios, nervios fósforos y músculos solares. Tropiezo con sílabas cuando quiero encontrar el crepúsculo que nubla tu mejilla, las algas que bracean en tu lengua, tus urgentes arrecifes.

Eres otra cuando te amo, pongo los dedos en tu cuello de aurora y miro la catarata prenatal que hay en tu ombligo.

Debajo de la porosa persiana, donde la sangre guarda su cofre de músculos y huesos, ahí están los verdaderos nombres. El corazón se empeña en su monosílabo sabiendo que el idioma está destinado al fracaso; amar es una tautología.

Necesito despojarme del cuerpo para que el amor de lo que vive te dé alcance.

THE HAND

To Mariana

Organ of prehension, the hand is also the organ of touch
JEAN BRUN

We were under the shade of a tree, she opened the book and took out dry flowers, small corollas, soft and thin, like papyrus. I looked at her hands; some miracle –I thought– was operating on the genetic strings so that she would open and close her phalanges. She clenches her fist when anger comes to her like a red meteor or stretches out her fingers if she sneezes, and when she says goodbye her hand is a flowery propeller.

What a success the ancients had, those beings lost in the amnesia of the ages one day bent their thumb and made weapons, developed hunting, settled in cities. The hand emancipated itself from its primitive practices and recognized its intuitive faculties: the cheek is round like a bowl of milk, the breasts are a blood slope. It faced the world, tested the danger of things protecting the rest of the body. It touched in order to probe temperature, composition, resistance. Its fingers were ten knights around two almost round tables. Then there was nothing to touch, intuition was overtaken by the rational hare: the tactile world fell into a trap, those holes hidden with leaves. Already civilized, it chased shadow animals on the walls, learned to speak with silent gymnastics –like a mouth that keeps all forms of muteness, percussed on elegant desks, hailed on warm bodies, knocked on terrible doors, broke glasses.

LA MANO

A Mariana

Órgano de prensión, la mano es también el órgano del tacto
JEAN BRUN

Estábamos bajo la sombra de un árbol, ella abrió el libro y extrajo flores secas, pequeñas corolas, suaves y delgadas, como papiros. Miré sus manos; algún milagro –pensé– se operó en las cadenas genéticas para que abriera y cerrara sus falanges. Aprieta el puño cuando la ira le viene como un meteoro rojo o estira los dedos si estornuda, y al decir adiós su mano es una hélice florida.

Qué acierto tuvieron los antiguos, esos seres perdidos en la amnesia de las eras un día doblaron el pulgar y fabricaron armas, desarrollaron la caza, se asentaron en ciudades. La mano se emancipó de sus primitivos ejercicios y reconoció sus facultades intuitivas: la mejilla es redonda como el cuenco de leche, los senos son un talud sanguíneo. Afrontó al mundo, tanteó el peligro de las cosas amparando al resto del cuerpo. Tocaba para sondear temperatura, composición, resistencia. Los dedos eran diez caballeros en dos mesas casi redondas. Después no hubo qué tocar, la intuición fue rebasada por la liebre racional: el mundo táctil cayó a una trampa, esos agujeros disimulados con hojas. Ya civilizada, cazó animales de sombra en los muros, aprendió a hablar con silenciosa gimnasia –como una boca que guarda todas las formas del mutismo–, percutió elegantes escritorios, granizó sobre cálidos cuerpos, tocó terribles puertas, rasgó cristales.

Now the hands are kept like trophies of an ancient hunt: chains, rings and bracelets are hung on them, medals that separate them from their original condition: touch. I am not referring to the ghostly caress of a screen, to having the fingertips behind the glass of a data zoo, trapped in pixels, but to the bloody touch that involved muscles and bones. Between the fin or the wing, adaptation gave us a beam of flesh, a soft star; neither Adam nor Eve were insurgents as it was the hand what held the fruit.

When she caresses the flowers and feels the life under her fingertips, she is walking backward, millions of years before: she unsheathes things; she removes skirt and pants from words, she knows their original nudity and presses them, like unexpected buttons. Of course, she does not touch in order to see if the world is so hostile as to inhabit it, but because she wants it to be non-hostile to inhabit it.

Ahora las manos se tienen como trofeos de una antigua cacería, se les cuelgan cadenas, anillos y pulseras, preseas que las desligan de su condición primigenia: el tacto. No me refiero a la caricia fantasmal de una pantalla, a tener las yemas detrás del cristal de un zoológico de datos, entrampadas en pixeles, sino al toque sanguíneo que involucraba músculos y huesos. Entre la aleta o el ala, la adaptación nos dio un rayo de carne, una estrella blanda; ni Adán ni Eva fueron insurrectos: fue la mano la que sostuvo el fruto.

Cuando ella acaricia las flores y siente la vida bajo las yemas, está caminando hacia atrás, millones de años atrás: desenvaina las cosas; le quita falda y pantalón a las palabras, conoce su desnudez original, las pulsa, como botones imprevistos. Desde luego, no toca porque quiera comprobar si el mundo es hostil para habitarlo, sino porque quiere que no sea hostil y habitarlo.

BAD MOVIES

Sometimes I watch bad movies. The performances are implausible, the situations do not correspond to our idea of the world. A meek pot on the stove –no one knows how– causes a fire, guns here and there, snipers that come out of nowhere, cars always ready to explode. I laugh in disbelief at the obscene miracle. Action scenes become a comedy, due to those oversights that expose the use of makeup or the change of the star by the stand-in. When I anticipate an outcome, I smile: at least here I have precognitive abilities.

The show ends and I return to the unforeseen, to this world where I can't guess its makeup and where we don't have a stand-in to support our shootings. Bad movies grant an optimism that is often very dangerous: main characters will always come out unscathed, explosions don't even ruffle their hair. With all this, life is what seems to be a lousy movie.

MALAS PELÍCULAS

A veces veo malas películas. Las actuaciones son inverosímiles, las situaciones no concuerdan con nuestra idea del mundo. Un dócil recipiente sobre la estufa –nadie sabe cómo– ocasiona un incendio, pistolas aquí y allá, francotiradores que salen de la nada, carros siempre dispuestos a estallar. Me río como incrédulo ante el milagro obsceno. Las escenas de acción pasan a ser una comedia, por esos descuidos que evidencian el uso de maquillaje o el cambio de la estrella con su doble. Cuando me adelanto a un desenlace, sonrío: al menos aquí tengo habilidades premonitorias.

Termina la función y vuelvo a lo imprevisto, a este mundo al que no le adivino el maquillaje y donde no tenemos un doble que soporte nuestros tiroteos. Las malas películas conceden un optimismo que suele ser muy peligroso: los protagonistas siempre saldrán ilesos, las explosiones ni siquiera les alborotan el cabello. Con todo esto, la vida es la que parece ser una pésima película.

SEPIA BUTTERFLIES

MARIPOSAS SEPIAS

To María Ángeles Juárez Téllez,
who has believed in my words.

A María Ángeles Juárez Téllez,
que ha creído en mis palabras.

TWO DEFINITIONS

I

The spirit is a fleeing mistery
a name brought out from the oldest darkness.

DOS DEFINICIONES

I

El espíritu es un misterio que huye
un nombre sacado de la oscuridad más antigua.

II

Poetry is to touch without misgiving
it is not a shadow the hand that caresses
but the light of the caressed body.

II

La poesía es tocar sin aprensiones
no es sombra la mano que acaricia
sino luz del cuerpo acariciado.

SEPIA BUTTERFLIES

When I watch childhood burn under the clock
sepia butterflies flutter in the portraits

My father was dressed in sand
his shoes await
uselessly the dawn
bent on nostalgia
my mother longed for a steam train
my sister and I had the science
indecipherable greed of the wise

Heaven dwelled in my house those days
it was a fruit on the table
majestic sap urged my blood
poplars and ash trees talked inside the closet
barefoot autumn
distant nearby footsteps of resin

Adulthood closes the way
puts walls where astonishment spread

Now there are more schedules than hope

To dream
fantasy was supplied with an effective recipe
before living an indolent pill seeded in the word.

MARIPOSAS SEPIAS

Cuando miro la niñez arder bajo el reloj
mariposas sepias aletean en los retratos

Mi padre se vestía de arena
sus zapatos esperan
inútilmente el alba
mi madre añoraba un tren de vapor
acodada en la nostalgia
mi hermana y yo teníamos la ciencia
indescifrable codicia de los sabios

El cielo vivió en mi casa aquellos días
sobre la mesa era un fruto
majestuosa savia me urgió la sangre
en el armario chopos y fresnos conversaron
otoño descalzo
distantes pasos cercanos de resina

La adultez cierra el paso
pone muros donde corría el asombro

Ahora hay más horarios que esperanza

Para soñar
se suplió fantasía con efectiva receta
antes de vivir una indolente píldora sembrada en la palabra.

THIS CENTURY

This century is paradoxical
a demographic of loneliness
the world is an earthly teardrop
What face of God might have a cheek?

There are books that do not have answers for anyone
unconceivable so many verses
when poetry matters so little

The number downgraded the metaphysics
that is no longer a paradox
but a truth preached
long before we learn the vowels.

ESTE SIGLO

Este siglo es paradójico
demografía de soledad
el mundo es una lágrima terráquea
¿qué rostro de Dios tendrá mejilla?

Hay libros que no responden por nadie
son inauditos tantos versos
cuando tan poco importa la poesía

El número degradó la metafísica
eso ya no es paradoja
sino una verdad que se predica
muy antes de que aprendamos las vocales.

BABEL

I'd like to rise up like a Tower of Babel
until speech falls down
and hands relegate us
to a communication of salt foam and flesh

Wandering bemused by your mouth
so that there is no way
to split my name from your language

I want the chaos of two arms
one navel four legs

There is no punishment in desire
the trap of god
will only have to finish our task.

BABEL

Como Babel quisiera erguirme
hasta que caiga el habla
y las manos nos releguen
a una comunicación de sal espuma y carne

Ir confundido por tu boca
para que no haya modo
de dividir mi nombre de tu idioma

Quiero el caos de dos brazos
un ombligo cuatro piernas

En el deseo no hay castigo
la trampa de dios
sólo habrá de concluir nuestra tarea.

SIDE LIGHT

LUZ DE PERFIL

And you know there's something more
but you can't give it a name

Dean Wareham

Y sabes que hay algo más
pero no puedes darle un nombre

Dean Wareham

THE DINOSAURS

As a child I had a plastic tyrannosaurus
a long neck of yarn
so the meteor did not fall
at least not in my living room

The prehistoric life was kept in a trunk
close to my clothes and shoes

Things went extinct
when I last played
the tyrannosaurus got fed up with meat
pterodactyls fell
with very damaged cardboard wings

The real asteroid
was to stop believing
to feel that the Jurassic
simply bothered me

There are so many things like that
suddenly we lose faith
and a burning fist kills something inside us
that we always and secretly
thought invincible.

LOS DINOSAURIOS

De niño tuve un tiranosaurio de plástico
un cuello largo de estambre
de modo que el meteoro no cayó
al menos no en la sala de mi casa

La vida prehistórica se guardaba en un baúl
cercana a mi ropa y mis zapatos

Se extinguieron las cosas
cuando jugué por última vez
el tiranosaurio se sació de carne
cayeron los pterodáctilos
con alas de cartón muy lastimadas

El verdadero asteroide
fue dejar de creer
sentir que el jurásico
sencillamente me estorbaba

Hay tantas cosas así
de pronto perdemos la fe
y un puño de ardor nos mata algo
que siempre y en secreto
creíamos invencible.

Victor Hugo Hidalgo Ruiz

THE MIRROR

I have a mirror that speaks two languages
yesterday's language
when my father talked to the bees
he had a polyglot rainbow mouth
with an accent of colors

Later
a chiaroscuro decomposed his countenance
his eyebrows darkened in pain
resentful charcoal
he started to live in hate
he lay in the shadow of a knife
and woke up slaughtered by his silence

The diagnosis
a letter of heavy calligraphy
c a n c e r
that word means nothing
six deplorable and empty letters
but when it came into our life
it was too late
six holes
on the back of the world

EL ESPEJO

Tengo un espejo que habla dos idiomas
el lenguaje de ayer
cuando mi padre hablaba a las abejas
tenía una boca de arcoíris
políglota con acento de colores

Luego
un claroscuro deshizo su semblante
sus cejas se sombrearon de dolor
resentido carboncillo
empezó a vivir de odio
se acostaba sobre la sombra de un cuchillo
y amanecía degollado en su silencio

El diagnóstico
una carta de pesada caligrafía
c á n c e r
esa palabra no significa nada
seis letras deplorables y vacías
pero cuando vino a nuestra vida
fue demasiado tarde
seis agujeros
en el lomo del mundo

the doctors said that a typhoon
lodged in my father's lungs
he breathed
and a Richter scale drilled his chest

It's almost November
the autumn kneels before its leaves
a sad monarch who has seen fall
the painful cards of the castle

Parks burn
people throw crusts of sun
the pigeons have moon wounds between their wings

My mirror mutes a second language
it says half things
it talks about trees and avoids their roots
rivers that do not touch the sea
doors looking without a lock

Our life is minted on a single side
my father is no longer straight ahead
side light
a three-quarter memory
in a closed room

the language of death has half syllables.

dijeron los médicos que un tifón
se alojó en los pulmones de mi padre
respiraba
y una escala Richter le taladraba el tórax

Casi es noviembre
el otoño se arrodilla frente a sus hojas
triste monarca que ha visto caer
los dolorosos naipes del castillo

Los parques arden
la gente arroja mendrugos de sol
las palomas tienen heridas de luna entre las alas

Mi espejo calla un segundo idioma
dice las cosas a medias
habla de árboles y evita sus raíces
ríos que no tocan el mar
puertas que miran sin candado

De un solo lado está acuñada nuestra vida
mi padre ya no está de frente
luz de perfil
un recuerdo de tres cuartos
en una habitación cerrada

el idioma de la muerte tiene sílabas a medias.

THE LOST SENSITIVITY

LA SENSIBILIDAD PERDIDA

THE INVISIBLE LIFE

Life is made of doors
of salt shakers and minimal mountains of chloride
everything seems so concrete
a bouquet of atoms is offered to us daily

But among the things we watch
there are fragments of an imperceptible life
splinters of a wasted time
when coming home
we should have turned into another street
to find one last time
our dead friend
or that party we didn't attend
where smiles abounded

In the hands of the clock
and in the autumnal wound of the portraits
under the bed there is a splinter
it will ever hurt us
because of the invisible life we had
and have lost inexcusably.

LA VIDA INVISIBLE

La vida está hecha de puertas
de saleros mínimas montañas de cloruro
todo parece tan concreto
un ramo de átomos se nos ofrece a diario

Pero entre las cosas que vemos
hay fragmentos de una vida imperceptible
astillas de un tiempo en vano
cuando al volver a casa
debimos doblar en otra calle
para encontrar por última vez
a nuestro amigo muerto
o esa fiesta a la que no asistimos
donde abundaron las sonrisas

En las agujas del reloj
y la herida otoñal de los retratos
debajo de la cama hay una astilla
alguna vez habrá de herirnos
por la vida invisible que tuvimos
y hemos perdido impunemente.

Víctor Hugo Hidalgo Ruiz

FAREWELL

In memoriam
to Alejandro Huerta

Yesterday you had a name
today the syllables of grass stutter your light
your presence has been filled with other things
it's a tunnel where cars pass by
a bridge for kids leaving school
a church with saints of interrupted heads
as if nostalgia had cut down
their expressionless lime devotion

You had a name like anyone who crosses the avenue
those who go to the market have a way to answer
when we ask them address pseudonym personal details
I live there my last name is like this I have such scars
your hands no longer point to anything nor do you carry any words
you will not pronounce the days again
the nights that thorned you
their acupuncture of stars will never prick you

Such an indolence to have died
when here we are still absurdly alive
the world increased its smog as soon as you left
the mortality rate went on its stubborn line
in its statistical scratch is what you have left

DESPEDIDA

In memoriam
para Alejandro Huerta

Ayer tuviste nombre
hoy las sílabas de hierba tartamudean tu luz
tu presencia se ha llenado de otras cosas
es un túnel donde pasan los carros
un puente para los niños que salen de la escuela
una iglesia con santos de cabeza interrumpida
como si la nostalgia les hubiera talado
su inexpresiva devoción de cal

Tuviste nombre como cualquiera que cruza la avenida
quienes van al mercado tienen una manera de responder
cuando les preguntamos domicilio seudónimo señas particulares
vivo allá me apellido de este modo tengo tales cicatrices
tus manos ya no señalan nada ni llevas palabras contigo
no volverás a pronunciar los días
las noches que te espinaron
su acupuntura de astros no te pinchará jamás

Qué indolencia haber muerto
cuando aquí seguimos absurdamente vivos
el mundo aumentó su esmog apenas te fuiste
la tasa de mortalidad siguió su terca línea
en su rayón estadístico está lo que has dejado

Do you remember those high school afternoons
when we were going nowhere
and we only turned under the arches of failure?
You don't remember them for sure
the dead are somewhat forgetful
I carry those days with me
and the memory that is not shared with someone is painful
if it was sunny
or if a storm of silence split the houses
Who knows?

Wooden chips fell from God's workshop
His angels are heard rustling like fallen leaves
once you said
you were afraid to hurt the autumns
when stepping on the yellow noise of the earth
now it's your name that breaks
and people are walking to work
violent cars like a dagger in the chest of the circuit
children step on the grass that has grown on you
over those vowels that were your bones
ants are born now

Your clarity broke into splinters
scattered portion of your mystery

¿Recuerdas esas tardes de preparatoria
cuando no íbamos a ningún lugar
y sólo girábamos bajo los arcos del fracaso?
Tú no lo recuerdas seguro
los muertos son algo olvidadizos
yo llevo conmigo aquellos días
y es dolorosa la memoria que no se comparte con nadie
si hubo sol
o una tormenta de silencio partió las casas
¿quién sabrá?

Del taller de Dios cayeron virutas
se escuchan sus ángeles crujir como hojarasca
alguna vez dijiste
que temías herir a los otoños
cuando pisabas el ruido amarillo de la tierra
ahora es tu nombre el que se rompe
y la gente está caminando a su trabajo
los carros violentos como una daga en el pecho del circuito
los niños pisan la hierba que ha crecido en ti
sobre esas vocales que eran tus huesos
nacen ahora las hormigas

Tu claridad rompió en astillas
esparcida ración de tu misterio

Víctor Hugo Hidalgo Ruiz

Dying is far away and pain is always affordable
in your silence there was no God
and there will be no other way to talk to you
nostalgia is the only telephone
but the dead never pick up the phone

Remembering is not living again
but getting lost
to become never forever.

Morir es lejano y el dolor siempre es asequible
en tu silencio no hubo Dios
ni habrá otra manera de conversar contigo
el único teléfono es la nostalgia
pero los muertos no levantan nunca la bocina

Recordar no es volver a vivir
sino perderse
volverse nunca para siempre.

THE LOST SENSITIVITY

Does the tree need an ear
since without our eardrum its fall
would be a deaf rupture of foliage
an invisible pain of insects
a jumble of leaves for no one?

Are there gardens because the word is green
and clouds that do not condense
without the violent precipitation of the lips?
If you didn't look at these walls
would all space
have whitewashed with horizon?

We thread atoms in the silence of things
but they follow us
even if we lack oxygen
or the blood leans atrociously towards the heart attack

How do ants listen to a tree fall?
Would its collapse be a secret apocalypse?

How much sensitivity is lost and wordless?
How many books will silence be composed of?

LA SENSIBILIDAD PERDIDA

¿Necesita el árbol de un oído
sin nuestro tímpano su caída
sería una sorda ruptura de follaje
invisible dolor de los insectos
revoltijo de hojas para nadie?

¿Hay jardines porque la palabra es verde
y nubes que no se condensan
sin la precipitación violenta de los labios?
¿Si no miraras estos muros
todo el espacio
se habría encalado de horizonte?

Hilamos átomos en el silencio de las cosas
pero ellas nos prosiguen
aunque nos falte oxígeno
o la sangre se incline atroz hacia el infarto

¿Cómo escucharán caer un árbol las hormigas
su derrumbe será un secreto apocalipsis?

¿Cuánta sensibilidad está perdida y sin palabras
de cuántos libros se compondrá el silencio?

Afterword

The vocation of the barefoot autumns and other poetic "I"s of Victor Hugo Hidalgo Ruiz and the futurologist poets of the 21st century

A YESTERYEAR CLOUDSCAPE, TODAY

On the last Sunday of September 2021
they come forward to fall on the empty sidewalks
the bronze autumns of October;
barefoot traces of death.
The wind stirs in grayish lattices
a yesteryear cloudscape, today
the custom of crowning with mist
the concave memory of the niches
at every sunset;
a persistent breath in the insomniac edges
of legendary estates
in The City of Palaces,
(overtly, the bulge sanctities
show off out loud their tonsure of smooth prayers).
The messengers soothe
their trade as heralds to the wind,
and without respect for the ranks of viceregal sanctity,
they frost with whitish feces the bald heads
and the quarry clothing.
The catequists of the Holy Mother Church
disguising kindness
buried the Mexica Gods.
Still in pieces they move us to pity;
ancient emperors, marquises, kings,
clad in nobility,
they sprinkle with latin
outdated antiphons and almanacs,
the apostolic submission of those centuries.
They follow the here;
the keen-eared pigeons
dodge amid the urban noise
the absent complaints of their lovings.
Today's sadness
the pandemic flutters in the feathers of their wings
-excrement or finitude-
in a low flight above the sidewalks they search their food,
numb, peck at the noise of cars,
the few ones who dare to circulate on the mourning.

In the other poetic "I"s of *Sand Drawings*, the young poet and essayist Víctor Hugo Hidalgo Ruiz, accompanied by the plastic artists Midori Adelaida Valle Juárez *Semilla Onírica* and Luis Daniel Herrera Martínez *Momoteo Arango*, authors of the illustrations of the interiors and cover of this book, initiates the so-called 'futurology' of the 21st century.

The new generations that will evolve the arts with this movement (music, literature, plastic arts, dance, sculpture and photography) were advocated by Alfredo Cardona Peña. Today's writers are making their way by leaps and bounds, accommodating their voices in a pressurous coming to remain present in the literature of the 30th century:

"The poets of the year 2500, (given to cybernetics) may be able to mentally converse with poets from other systems." *

Following with what was said by the Costa Rican writer:

"Poetry is the art of sensing things that will be seen and that already exist, but that are not yet seen or felt. The poets of the 21st century will see and write great things, with the use of a language not foreseen by academics. We are not pondering a new language, but the one we are now practicing will be enriched by the use of terms (and topics) that are unknown today. In fact, those terms or words have already begun to circulate, example; deoxyribonucleic, Panspermia and Cosmozoan, proposed by George Gaylord Simpson when analyzing the theories of life in space. And in the poem to fanta-science I premiered the word '*edadoj*' ..." **

At this beginning of the second millennium, the coincidences already stand out in the verses of several poets:

In *Postmodern Valladolid / Valladolid posmoderna*, the poet Raúl Casamadrid leaves the reader with several titles of his de facto sonnets, whose verbal quintessence does not separate the form from the substance: "Sentimental Education" and "Set Logic" are some examples.

And in the publication of the booklet: *Buenos Aires Limited*, Letra Franca Ediciones, summer 2020, in the modern sonnets, with perfect rhyme and meter, outside the academy, the poet with an amazing ingenuity fully enters in the generational modality of the 'futurists'. See the poem "Presentation at Manuel M. Ponce":

> I am, under the rain in Mexico City,
> waiting for a poet that doesn't exist or does.
> I'm Mabel and he is Mars. He doesn't live.
> Neither I. I am the poetess who embodies the eternal.
>
> And not. I am but an eccentric figure; co
> [...]
> And I left the prescriptions for later. Méxi

With the course of this argument, we arrive at the year 2019, with a celebration in memoriam of the excellent poet Carlos Santibáñez Andonegui, with the total astonishment of his lyricism in the collection of poems *The Fresco Technique / La técnica del fresco*, published by Darklight. Internet humor...his innovations in the poem "Being in network" must be read with a cybernetic gaze:

> They jump from a network of promises
> to a network of poems.
>
> They are still in network, the world
> proposes that they chat.
> [...]
> They jump for the high of the hour.
> They jump for the high of the now.
> [...]
> Every moment that you touch is in your hands,
> all of them are in network and form their cloud,
> [...]
> Pray to God while climbing a holy hour and...
> stop the *Hour of June*, which God sings.

The poem by Víctor Hugo Hidalgo Ruiz with which we illustrate this very new era can be found in the "Quantum Melancholy" section. The collection follows that tone, since the author is the owner of a rigorous preceptive: precision, clarity, renewal of language, and dealing with any subject, his writing is understood as a divine breath. Following is the idea of God that the author proclaims in his poem "Big Bang":

> There is an eternal dispute
> —the need to be right
> is older than any universe—
> resentful believers
> unshakeable atheists
> everyone disputes the truth
> like the last atom of carrion
> God blew up a former world
>
> [...]
> What organisms did he undo
> what latrine did he throw them into
>
> [...]
> Sometimes a comet passes by and we make a wish
> it is a butt that God
> throws when he reflects about his failures
>
> [...]
> How will He regret us?

God is the thin thread that separates the perfect from the imperfect: the divine-human, and walks poetically through satellites and galaxies:

> When we are quiet
> how silent the universe gets.

A generational theme that unites the poetics of Santibáñez with that of Hidalgo Ruiz, with a few decades of difference, is that of the 'black holes'. In the poetry collection *Sand Drawings*, barefoot autumns leave their deadly traces in the poem "The Black Holes":

a sun bitten by death
[…]
darkness boils inside the light.

Likewise, in "Big Crunch", Víctor Hugo Hidalgo writes with an open eye about the desolation left by the traces of COVID 19:

Beauty will not make chaos doubt
we will return to the abstraction of nothingness
domes and arches balustrades
some ellipses
that not even God will write.

Víctor Hugo Hidalgo, the traveling boy of the subways, arrives at the downtown streets, his chestnut and disheveled hair recovers breaths that were still dancing in the shadows of the yesterdays of those eight intrepid and infatuated young men, that disturbed with loving claims of open impudence to adolescent gals, unfaithful wives, widows late in love, spinsters, fiancées without tamed infidelity; all of them tear their clothes to the amorous requirements under the balconies of stately homes, measuring lusts throughout the streets that today are Donceles and where history locates the dwelling of Antón Alaminos, a brilliant pilot who crossed the Old Bahama Channel in a plane.

Víctor Hugo, the beloved Aries, from a restaurant cabinet in front of a Porfirian building, anchors his painful recitation in the aged green of the lintel of the grayish windows and of the days of urban rains where the surviving gargoyles let fall history in spouts, their cyclical memory over the lattices that bear the melancholy that the 20th century left in its very personal nascent architecture.

The poet, with a sweet tooth, spells out the rhythm of summer in the delight of strawberry, mocha and vanilla milkshakes, while traces of summer aromas tasted in poetic sounds from his latest collection of poems remain on his Aryan lips.

The sun tends its perennial memory in the almost empty streets.
Víctor exhausts verses according to the pages of drafts
in a recovered biblical forgetfulness of not numbering the pages.

Today the fate of the icons wins,
when pointing to Juan Juárez house
the brother-in-law of Hernán Cortés
and
the lost illusions of Isabel la Católica,
stringing together in both corners
of Donceles and the first street of Chile,
sleepwalker Saturdays,
in the race of time bound for Tepito the popular,
offer without refined taste
sales of wedding dresses
made with cheap fabric
on blind mannequins
stiff tulle veil and
snowy orange blossoms stripped of aroma
they turn on an artifical dawn
of one-night illusions.
The pandemic does not stop and
the barefoot autumns
can turn death
onto amber steps,
scratching the lanterns where Víctor writes
with light his other poetic "I"s:
Perhaps we'll be here
next to the window
wondering about God as the cars go by
and life stops in our silence.

And he thinks of his essays.

MARÍA ÁNGELES JUÁREZ TÉLLEZ
Donceles, Mexico City, Autumn of 2022

*, ** Notes from an interview to Alfredo Cardona Peña by Juan Cervera Sanchís, published in the Sunday supplement of *El Nacional*, *Revista Mexicana de Cultura*, Epoch VI, No. 238, Aug 19, 1973. p.3

Epílogo

_La vocación de los otoños descalzos y otros
"yo" poéticos de Víctor Hugo Hidalgo Ruiz y
los poetas futurólogos del siglo XXI_

UN CELAJE DE ANTAÑO, HOY

En el último domingo de septiembre del 2021
se adelantan a caer en las aceras vacías
los otoños broncíneos de octubre;
descalzos rastros de muerte.
El viento remueve en grisáceas celosías,
un celaje de antaño, hoy
la costumbre de coronar de neblina
en cada atardecer
la cóncava memoria de las hornacinas;
persistente respiro en las aristas insomnes
de legendarias heredades
en La Ciudad de los Palacios,
(públicas, las santidades de bulto
lucen a grito abierto su tonsura de oraciones lisas).
Las mensajeras sosiegan
su oficio de heraldos al viento,
y sin respetar los grados de santidad virreinal,
escarchan de heces blanquecinas calvicies
y vestimentas de cantera.
Disimulando bondad los catequizadores
de la Santa Madre Iglesia
sepultaron los Dioses _mexicas_.
Todavía a pedazos dan pena;
vetustos emperadores, marqueses, reyes,
revestidos de nobleza,
salpican en latines
antífonas y almanaques de tiempos caducos,
sumisión apostólica de aquellos siglos.
Siguen el aquí;
los pichones de oídos perspicaces
sortean entre el ruido urbano
las quejas ausentes de sus amores.
La tristeza de hoy revolotea
la pandemia en las plumas de sus alas
-excremento o finitud-
a vuelo raso de aceras buscan su alimento,
ateridas, picotean la bulla de automóviles,
los pocos que se atreven a circular el luto.

En los otros "yo" poéticos de *Dibujos de Arena,* el joven poeta y ensayista Víctor Hugo Hidalgo Ruiz, acompañado de los artistas plásticos Midori Adelaida Valle Juárez *Semilla Onírica* y Luis Daniel Herrera Martínez *Momoteo Arango,* autores de las ilustraciones de interiores y portada de este libro, inicia la llamada 'futurología' del siglo XXI.

Las nuevas generaciones que evolucionarán las artes con este movimiento (música, literatura, artes plásticas, danza, escultura y fotografía) fueron preconizadas por Alfredo Cardona Peña. Los escritores de hoy se abren camino a pasos agigantados, acomodando voces en un *venire* apremiante para seguir presentes en la literatura del siglo XXX:

"Los poetas del año 2500, (dado a la cibernética) tal vez podrán conversar mentalmente con poetas de otros sistemas". *

Continuando con lo dicho por el escritor costarricense:

"La poesía es el arte de presentir las cosas que se verán y que ya existen, pero que todavía no se ven ni se palpan. Los poetas del siglo XXI, verán y escribirán cosas grandiosas, con el uso de un leguaje no previsto por los académicos. No ponderamos un nuevo lenguaje, sino que el que ahora practicamos, se enriquecerá con el uso de términos (y temas) hoy desconocidos. De hecho, esos términos o palabras ya han comenzado a circular ejemplo; desoxirribonucleico, Panspermia y Cosmozoa, propuestas por George Gaylord Simpson al analizar las teorías de la vida en el espacio. Y en el poema a la fantaciencia yo estrené la palabra *'edadoj'* ..." * *

En este inicio del segundo milenio ya despuntan esas coincidencias en los versos de varios poetas:

En *Postmodern Valladolid / Valladolid posmoderna,* el poeta Raúl Casamadrid deja al lector varios títulos de sonetos de *facto,* cuya quintaescencia verbal no separa la forma del fondo: "Educación sentimental" y "Lógica de conjuntos", son algunos ejemplos.

184

Y en la publicación del cuadernillo: *Buenos Aires Limited,* Letra Franca Ediciones, verano de 2020, en los sonetos modernos, rima y métrica perfectas, fuera de la academia, el poeta con un ingenio asombroso entra de lleno a la modalidad generacional de los 'futurólogos'. Véase el poema "Presentación en la Manuel M. Ponce":

> Estoy, bajo la lluvia en la Ciudad de México,
> esperando a un poeta que no existe o sí.
> Soy Mabel y él es Marte. No vive.
> Ni yo. Soy la poetisa que encarna lo eterno.
>
> Y no. No soy sino una figura excéntrica; co.
> […]
> Y dejé para luego las prescripciones. Méxi

Llegamos con el discurrir de este argumento al año 2019, con una celebración *in memoriam* al excelso poeta Carlos Santibáñez Andonegui, con el asombro total de su facturación lírica en el poemario *The Fresco Technique / La técnica del fresco*, publicado por Darklight. Humor internauta…léanse con mirada cibernética sus innovaciones en el poema "Estando en red":

> Saltan de una red de promesas
> a una red de poemas.
>
> Siguen en red, el mundo
> les propone un chateo.
> […]
> Saltan por lo elevado de la hora.
> Saltan por lo elevado del ahora.
> […]
> Cada instante que tocas está en tus manos,
> todos están en red y forman su nube,
> […]
> Pídele a Dios subiendo una hora Santa y…
> detén la *Hora de junio*, con que Dios canta.

El poema de Víctor Hugo Hidalgo Ruiz con el que precisamos ilustrar esta *novísima* era se encuentra en la sección "Melancolía cuántica". El poemario sigue ese tono, ya que su autor es dueño de una preceptiva rigurosa: precisión, claridad, depuración, renovación del lenguaje y trate el tema que sea, su escritura se entiende como aliento divino. He aquí la idea de Dios que el autor sustenta en su poema *Big Bang*:

> Hay una disputa eterna
> —la necesidad de tener razón
> es más antigua que cualquier universo—
> resentidos creyentes
> inconmovibles ateos
> todos se disputan la verdad
> como el último átomo de la carroña
> Dios hizo estallar un mundo anterior
>
> [...]
>
> Qué organismos deshizo
> a qué letrina los arrojó
>
> [...]
>
> A veces pasa un cometa y pedimos un deseo
> es una colilla de Dios
> que arroja cuando piensa en sus fracasos
>
> [...]
>
> ¿Cómo se arrepentirá de nosotros?

Dios es el hilo delgado que separa lo perfecto de lo imperfecto: lo divino-humano, y camina poéticamente por satélites y galaxias:

> Cuando estamos callados
> qué mudo se pone el universo.

Un tema generacional que hermana la poética de Santibáñez con la de Hidalgo Ruiz, con unas décadas de diferencia es el de los 'agujeros negros'. En el poemario *Dibujos de arena,* los otoños descalzos dejan sus huellas letales en el poema "Los agujeros negros":

un sol mordido por la muerte

[…]

adentro de la luz hierve lo oscuro.

Así mismo, en *Big Crunch*, Víctor Hugo Hidalgo escribe a mira abierta la desolación que dejan las huellas del COVID 19:

La belleza no hará dudar al caos
volveremos a la abstracción de la nada
cúpulas y arcos balaustradas
unos puntos suspensivos
que ni Dios habrá de redactar.

A las céntricas calles llega Víctor Hugo Hidalgo, el muchacho viajero de los metros, su castaña y despeinada cabellera recobra aires que se quedaron todavía danzando en las sombras de los ayeres de aquellos ocho donceles intrépidos y enamoradizos, perturbando con reclamos amorosos a franco impudor a las niñas adolescentes, casadas infieles, viudas rezagadas en el amor, solteronas, prometidas novias sin domar la infidelidad; todas se desgarran las vestiduras a los requerimientos amorosos bajo los balcones de casas señoriales, midiendo lujurias a lo largo y ancho de las calles que hoy son Donceles y donde la historia ubica las habitaciones de Antón Alaminos, genial piloto que atravesó a vuelo tendido el canal de las Bahamas.

Víctor Hugo, el dilecto Aries, desde un gabinete del restaurante frente a un edificio porfiriano, ancla la dolida recitación en el verde añoso del dintel de las ventanas grisáceas y de los días de lluvias urbanas donde las gárgolas sobrevivientes dejan caer a chorros la historia en su memoria cíclica sobre la herrería que reposa la melancolía que el siglo XX dejó en su muy personal arquitectura naciente.

El poeta, goloso, deletrea el ritmo del verano en el deleite de malteadas de fresa, moka y vainilla, mientras quedan en sus labios arianos dejillos de aromas estivales catados en sonidos poéticos de su *novísimo* poemario.

El sol tiende su memoria perenne en las calles casi vacías.
Víctor agota versos acordes a las páginas de borradores
en un recobrado olvido bíblico de no numerar las fojas.

Hoy gana el destino de los íconos,
al señalar la casa de Juan Juárez
cuñado de Hernán Cortés
y
las ilusiones perdidas de Isabel la Católica,
ensartan en ambas esquinas
de Donceles y la primera calle de Chile,
sábados sonámbulos,
en la carrera del tiempo rumbo al popular Tepito,
ofrecen sin gusto refinado
la venta de vestidos de novia
de falaz pacotilla
en ciegos maniquíes
velo de tul tieso y
níveos azahares desnudos de aroma
encienden el albo artificial
ilusiones de una noche.
La pandemia no cesa y
los otoños descalzos
permutan las muertes
en ámbar pasos de resina,
rayando los fanales donde Víctor escribe
con luz sus otros "yo" poéticos:
Tal vez estemos aquí
junto a la ventana
preguntándonos por Dios mientras pasan los carros
y la vida se detiene en nuestro silencio.

Y piensa en sus ensayos…

MARÍA ÁNGELES JUÁREZ TÉLLEZ
Donceles, Ciudad de México, Otoño de 2022

---

*, ** Entrevista a Alfredo Cardona Peña por Juan Cervera Sanchís, publicada en
el Suplemento Dominical de *El Nacional*, *Revista Mexicana de Cultura*, VI
época, núm. 238, 19 ago, 1973. p.3

Víctor Hugo Hidalgo Ruiz

Víctor Hugo Hidalgo Ruiz studied Hispanic Language and Literature at UNAM. He is a poet and storyteller and has collaborated in magazines and electronic media such as *De-lirio*, *Campos de Plumas*, *Letra Franca* and *Universo de Letras*. He has also been a participant in various workshops; among them, those of María Ángeles Juárez, with Roberto Acuña at the FES-UNAM Acatlán and the De-lirio workshop, of which Víctor Hugo Hidalgo was a co-founder. He participated in the collection *Thirteen Contemporary Poets Beyond Quarantine*, organized in 2021 by the Letra Franca publishing house.

Víctor Hugo Hidalgo Ruiz

Estudió Lengua y literatura hispánicas en la UNAM. Es poeta y narrador. Ha colaborado en revistas y medios electrónicos como *De-lirio*, *Campos de plumas*, *Letra franca y Universo de letras*. Ha formado parte de diversos talleres; entre ellos, el de María Ángeles Juárez, el de Roberto Acuña en la FES-UNAM Acatlán y el taller De-lirio, del cual fue cofundador. Participó en la colección *Trece poetas contemporáneos más allá de la cuarentena*, que organizó la editorial Letra Franca en 2021.

DARKLIGHT'S "BRIDGES" BILINGUAL POETRY SERIES /
COLECCIÓN BILINGÜE DE POESÍA "BRIDGES" DE DARKLIGHT

Made in the USA
Middletown, DE
21 August 2023

36765789R00118